Jörg Spitzer

Vorsicht, Doofheit

Eine grobe Bestandsaufnahme der menschlichen Verblödung

Von Lyrik, Prosa und Kurzgeschichten vermeintlich universellem Wissen, der Verblödung des Menschen durch die Kultur und der wissenschaftlichen Verblödung mithin

Inhaltsverzeichnis

Prolog und Einleitung 4

Kapitel 1
Die theologische Wissenschaft 17
Die Sache mit Gott und Jesus

Kapitel 2
Kulturprodukte der Verblödung 64

Kap.3
Die Sache mit dem Wissen 115

3.1. Schwänzchen hoch, Schwänzchen runter 147
3.2 Tendenzen der Verblödung 159
3.3 Unwahrheiten der Verblödung 171

Prolog und Einleitung

Wenn Sie, und ich meine Sie jetzt ganz persönlich, die ersten Zeilen dieses Buches lesen und ich davon ausgehe, das Sie sich dieses Buch käuflich erworben haben, ob in gedruckter oder elektronischer Form, und nicht nur gerade mal eben einen *Blick ins Buch* dank moderner digitaler Technik geworfen haben, dann behaupte ich einfach rank und frei, das Sie noch nicht in Gänze der völligen Verblödung anheim gefallen sind und sich wenigstens noch ansatzweise für Ihre mentale, spirituelle oder wie auch immer geartete psychische Situation, und der anderer, interessieren.

Ja, ich gehe sogar davon aus, das Sie sich jetzt gerade und in dieser Zeit für etwas interessieren, dass, glaubt man den Medien und hochgelehrten Menschen mit Universitätsabschluss, die unser aller Leben und Dasein studiert und analysiert haben wollen, unsere gesamte physische Existenz bedroht.

Nicht offensichtlich, nein, zunächst verpackt in schönen Worten und hässlichen Bildern per Fernsehen oder Smartphone, wohldosiert und selektiert, aufbereitet und dem gelangweilten Zuseher oder Hörer als Dessert zum Abendbrot serviert, eingepackt in statistischen Zahlenspielchen und dem gestressten Ohr durch wohlgeformte Aussagen mitgeteilt.

Je mehr Informationen und Mitteilungen über die

digitalen Vertriebswege getwittert, geskypt oder gepostet werden, um so besser, um so besser verliert man den Überblick und den Durchblick, kann vor lauter Daten-Infos und Kommunikation kaum noch dem roten Leitfaden folgen, wirft gar hinterher alles durcheinander; im schlimmsten Fall endet dies für Sie persönlich mit der Bemerkung, Sie seien halbgebildet und populistisch.

Was immer dies auch bedeuten mag, wenn jemand über einen anderen sagt, das er volkstümlich sei, wobei dies absolut korrekt ist, denn Populismus, dieser heute stark strapazierte und vergewaltigte sprachliche Terminus, leitet sich von den römischen Mitgliedern einer Volkspartei, den Popularen, ab. Die wiederum bildeten aber keine Partei im konservativen Sinne, sondern waren mehr eine Gruppierung von Leuten, die auch Volksinteressen wahrnahmen.

Die meisten dieser Popularen aber waren oftmals höher gestellte Beamte oder auch Senatoren; Kann dann eigentlich in einer Demokratie tatsächlich noch von Volksherrschaft gesprochen werden, um diese vielleicht infantil anmutende Frage hier einmal so zu stellen? Sitzen Hartz-IV Empfänger, oh Pardon, Bezieher von Arbeitslosengeld II im deutschen Bundestag, dem Vertretungsorgan des Volkes? Nicht das ich wüsste!!
Kassieren ehemalige Straßenkehrer,Drogenabhängige, Vorbestrafte, Einzelhandelskaufleute, Kfz-Mechatroniker oder Fliesenleger und Angehörige anderer ehrbarer „bürgerlicher“ Berufe von *Volkswegen* ein Gehalt, eine

„Diät“, eine Abgeordnetenentschädigung von derzeit rd. 9300,-Euro Brutto, oder wie es offiziell In Artikel 48 Absatz 3 des Grundgesetzes heißt *"Die Abgeordneten haben Anspruch auf eine angemessene, ihre Unabhängigkeit sichernde Entschädigung“*. Und was soll diese Nonsens-Definition jetzt aussagen? Einem Arbeitslosengeld II Empfänger wird kaltschnäuzig sein Existenzminimum aus,-u.vorgerechnet von Staatswegen, so, dass er gerade am Verhungern vorbeischliddert. Mit rd. 400,-Euro im Monat, Netto versteht sich, inklusive Miete, so sie denn gezahlt wird, falls nicht gerade einer der tollen Großrechner defekt ist oder ein übereifriger Sachbearbeiter des Jobcenters wieder einmal einen armen Bezieher staatlicher Almosen mit einer Strafe sanktioniert hat, weil dieser vielleicht ein paar Minuten zu spät zum ohnehin sinnlosen Termin erschienen ist.

Der Bundestagsmandat-träger, dieser vordergründig demokratisch gewählte Vertreter des Volkes, besser geschrieben, der gewählte Vertreter seines Wahlbezirkes, erhält, ohne im günstigsten Falle auch nur vorher einen Finger arbeitsmäßig bewegt zu haben, per se 9000,-Euro monatlich (plus eventueller Zusatzeinkommen) für seine Unabhängigkeit. Aber dies ist ja von Volkswegen so angedacht, gewollt, verordnet und angeordnet; selbstverständlich. Und selbstverständlich ist es ebenso per Volksdekret beschieden, das ein anderer nach vierzig Jahren Arbeit und besteuerter Sonntagsarbeit auch nach zwölf Monaten im sicheren Fangnetz der Arbeitslosenversicherung ins Elendsquartier der übrigen

„*sozialen*“ Sicherungssysteme wie eben Hartz IV oder auch Sozialhilfe deportiert wird um dann hier, zwei Wochen vor dem Monatsende, an irgendeiner Tafel oder anderen mildtätigen privaten Einrichtung in Schlange anstehen zu müssen, um nicht den Hungertod zu erleiden.

Damit wären wir nach meinem Erachten schon bei der ersten Verblödung; denn ein Volk kann unmöglich seine eigene Spezies so behandeln und erniedrigen. Oder doch ? Da ich hier nicht vom kalten Kalkül des Polittechnokraten ausgehe, zumindest nicht primär, muss hier also schon eine mindestens „*soziale Verblödung*“ in der Form vorliegen, als dass sie von Volkswegen gewollt ist und durch den Volksvertreter artikuliert wird um dann nach langen und manchmal schnellen Plenarsitzungen in schriftlicher Form von Amtswegen dem Volke als sein ureigenster Beschluss wiederum vorgelegt wird. Da der Abgeordnete aber unabhängig ist und nur seinem Gewissen verantwortlich (dann ja wohl nicht gegenüber dem Wähler?) sieht der enttäuschte Wahlberechtigte eben das Ergebnis seines Vertreters im Bundestag.

Parteien u.a. mit dem Anspruch des christlichen Dogma in Ihren Grundsatzprogrammen sollten sich schämen dies überhaupt noch in der Namensnennung ihrer politischen Gruppierung zu führen.

Die Kollegen der sozialen Demokratie scheinen den potentiellen Wähler da anders zu sehen.

Sie bezeichnen sich als Sozialdemokraten; aha, sie sind also *gesellschaftliche* Demokraten, wenn ich *sozial* als *gesellschaftlich* definiere.

Sind denn Demokraten nicht gesellschaftlich orientiert? Wie darf Ich das sonst verstehen? Oder sind Demokraten, als Volksherrscher respektive Volksvertreter eigentlich nicht gesellschaftlich ausgerichtet und nur für die Belange ihrer Klientel angetreten bzw. gewählt worden? Darum der Zusatz sozial? Verstehe ich nicht, diese Tautologie! Ist ein Demokrat nicht für das Volk da, ganz gleich ob in der sprachlichen Ummantelung der Sozial,-National;-oder Volksdemokratie? Ist Demokratie nun Volksherrschaft oder Sozialherrschaft? Ist das Volk nun sein eigener Herrscher oder ist die Gesellschaft der Herrscher oder besser Vertreter des Volkes? Ach nein, jetzt fällt es mir doch tatsächlich wieder ein. Ursprünglich war die Sozialdemokratie ja eine politische Organisation der Arbeiterbewegung in Deutschland mit marxistischen Tendenzen, so dass ihre Protagonisten wie Wilhelm Liebknecht und August Bebel noch dachten, man könne die damals arme Arbeiterklasse durch friedliche demokratische Methoden auf etwas mehr Mittelschicht-Niveau anheben; ohne natürlich auch nur im Entferntesten zu ahnen, dass Ihre Kollegen rd. 140 Jahre später die Errungenschaften der Vorvorderen wieder durch plumpe und primitive politische Maßnahmen auf das einstige Niveau zurück katapultieren würden.

Hartz IV und Co. wurden aber als notwendige und richtige Wege angesehen, mit Studien belegt und von Wirtschaftsweisen als richtig befunden; einmal mehr eine wissenschaftliche Fehlleistung, wie wir heute wissen und eine schallende Ohrfeige für das verdutzte Volk, das demütig und huldvoll die markigen Worte des damaligen Kanzlers Schröder vernahm. Tatsächlich wurden mit *starker und ruhiger Hand* bis zum heutigen Tage tüchtige und verdiente Volksangehörige durch ihre Vertreter in beschämende Armut und Verzweiflung gestürzt.

Hier wurde nun eine völlige politische Verblödung als intelligente Lösung serviert. Verblödet insofern, als dass man eine solche höchst politische Amtshandlung als geistig abgestumpft bezeichnen kann, wie es die Duden-Definition der Verblödung zulässt. Aber war es wirklich Verblödung? Vielleicht doch gar eiskaltes Kalkül ? Aber hätte man dann nicht die mittelbaren und unmittelbaren Folgen bedenken müssen ? Da scheinbar nicht geschehen, bedingt dies dann wiederum die plumpe Konklusion, das doch von Verblödung auszugehen ist!

Dieses Buch ist als eine Art literarisches Potpourri zu betrachten oder auch als Lesebuch mit verschiedenen ganz unterschiedlichen Themen. Von Lyrik über Prosa und Epik, Kurzgeschichten und anderen Erzählungen bis hin zu politischen, gesellschaftlichen und wissenschaftlichen Erkenntnissen, Errungenschaften und *scheinbar* anderen großen und großartigen menschlichen Leistungen und intellektuellen Produkten.

Ich hoffe das für jeden etwas „dabei ist" und der Leser mag am Ende ganz persönlich und subjektiv entscheiden, ob die Kultur an sich und für sich das ist, was uns von höchsten Stellen und Kräften einsuggeriert wird.

Am Anfang und am Ende des Buches kann der Leser dann eine Kurzgeschichte, ein Gedicht, eine Erzählung oder einen anderen Beitrag aus der Lyrik oder Prosa lesen, von mir selber verfasste Stücke oder von prominenteren Kollegen wie von Goethe oder Friedrich Schiller. Dies hat einen pädagogischen Grund: Sollten Sie, lieber Leser, liebe Leserin, nach dem Ende einer von mir dargestellten Thematik nicht der völligen Verzweiflung anheim fallen, so können Sie dies durch das Lesen eben dieser belletristischen und lyrischen Beiträge etwas abmildern und wieder zur Ruhe kommen, in der Gewissheit, das es auch noch intelligente und rationale Äußerungen gibt, die von weniger abgestumpften Zeitgenossen einst formuliert wurden. Um es hier einmal schon vorweg zu nehmen: die kulturellen Errungenschaften des Menschen sind eben nur von Menschen gemacht und demzufolge auf dem qualitativen biologischen Niveau einer Amöbe. Dem ist so wie zu lesen sein wird.

Beginnen wir also mit einer Rundreise durch die menschliche Verblödung oder der gewollten Verblödung durch Wissenschaft oder Staat, Religion und anderen *„geistigen“* Errungenschaften die im Prinzip nicht das Papier wert sind, auf dem sie einst oder jetzt , per Hand oder Open Office-Schreibsystem, verfasst wurden.

Was ist aus dieser unserer Welt geworden, in der Friedensnobelpreisträger wie der einstige US-Präsident und streng gläubige Christ Barack Obama, der mit Vorliebe Menschen durch ferngesteuerte Drohnen hat töten lassen, auch wenn diese Menschen sogenannte und mutmaßliche Terroristen gewesen sein sollen.

„Für seine außergewöhnlichen Bemühungen, die internationale Diplomatie und die Zusammenarbeit zwischen den Völkern zu stärken"

Dies ist die offizielle Begründung für die Verleihung des Preises im Jahre 2009 durch das schwedische bzw, norwegische Nobelpreiskomitee. *Außergewöhnlich* sind die *Bemühungen* allemal, Menschen aus sicherer und großer Höhe, fast unsichtbar und hinterhältig in Stücke bomben zu lassen oder sie gleich zu atomisieren. Freudige Zustimmung und fast schon hündige Verehrung bekam der US-Präsident dann ja auch von seiner Amtskollegin in der Bundesrepublik Deutschland, Doktor der Physik und Bundeskanzlerin Angela Merkel die da sagte: ***„Ich freue mich, dass es gelungen ist, Bin Laden zu töten. Das ist es, was jetzt für mich zählt."***

Quelle *3. Mai 2011, 18:19 Uhr*
http://www.sueddeutsche.de/politik/reaktionen-auf-den-tod-von-osama-bin-laden

Aber auch die Parteikumpane von der anderen christlich orientierten Schwesterpartei der *sozialen Christen (CSU)* wie ihr Vorsitzender Horst Seehofer zeigten unverhohlen Freude und Erleichterung über den Tod des Al-Kaida Chefs. Womöglich noch mit dem Abbild des gekreuzigten Heilandes im Rücken und seinem erbarmungswürdigen Anblick im Tode werden solche Äußerungen von „*christlichen*" Politikern getätigt. Dabei ist doch der Messias und Heiland, der Sohn Gottes oder auch die Personifikation Gottes, für uns und unsere ***einstigen*** und ***zukünftigen*** Sünden am Kreuze zu Golgatha an zwei Holzpfähle genagelt worden mittels jüdischem Ratschluß und römischer praktischer Umsetzung.

„ *Du sollst nicht töten*" , diese Urmaxime des christlichen Glaubens, das fünfte Gebot der Bibel, das Wort Gottes wird missachtet und auch noch gerechtfertigt!

So der gestorbene und wieder auferstandene zu seinem himmlischen Vater entrückte Jesus von Nazaret müßte doch auf seinem Himmelsthrone merklich hin und her gerückt sein bei solchen Äußerungen. Hat er nicht immer und immer wieder gepredigt, stets und ohne Zweifel bei einem möglichen Schlagabtausch auch die andere Wange hinzuhalten?

Hat er nicht davor gewarnt, das man dass, was man seinen geringsten Brüdern antut, Ihm antut? Und dieses meinte er ja nun nicht der Einfachheit halber nur auf seine Anhänger bezogen, sondern galt und gilt für ***alle*** Menschen und Gläubige, für Juden, Christen, Mohammedaner, Buddhisten, Hinduisten usw. usw.
Oder etwa nicht? Haben sich denn etwa Herr Obama und Frau Merkel eines *Archetypus* bedient, um es einmal psychoanalytisch zu betrachten, jenen Urbildern und

Motiven die den Menschen seit der sogenannten Evolution begleiten und im kollektiven Unbewussten ihr Dasein fristen sollen, eine Art psychische Grundlage die aber über die Persönlichkeit hinausgeht diese aber später prägen wird. Geburt oder Tod sind solche Urbilder, aber auch der Teufel. Freude über den Tod eines anderen Menschen ist dann ja entschuldbar; der omnipotente christliche Weltengott und Gralshüter des Guten muß diese Urfreude über den Tod aber dann auch gewollt haben!? Oder denke ich da jetzt falsch?

Aha, ich hab`s: Es heißt ja *„Du sollst nicht töten“* und nicht *„Du darfst nicht töten“*. Falls dem Theologen und Reformator Dr. Martin Luther kein Schreib,-oder Übersetzungsfehler bei der Aktualisierung der Bibel, der Heiligen Schrift, unterlaufen ist, damals, als er bei blakendem Kerzenlichte in seiner Klause in der Wartburg hoch über dem finsteren Thüringer Walde das Wort Gottes auch für den gemeinen Menschen fassbar und lesbar machte ?

Aber vielleicht haben sich Herr Obama und Frau Merkel auch eines *Hirtenbriefes* erinnert, den *katholische Bischöfe* am 12.9.1943 veröffentlichten.

In diesen Hirtenbriefen, die vornehmlich, aber nicht nur, in der römisch-katholischen Kirche veröffentlicht werden, gibt der Bischof eines Bistums in einer Art offenen Brief gut gemeinte Tipps hinsichtlich des Glaubens bzw. zu Glaubensfragen oder auch zu sozialen Entwicklungen. Hier aber nun, wie nachfolgend zu lesen und aus welchen

Gründen auch immer, wird der staatlich verordnete Tod als rechtmäßig und anwendbar mit Gottes Segen gut geheißen.

„Tötung ist in sich schlecht, auch wenn sie angeblich im Interesse des Gemeinwohls verübt würde: An schuld- und wehrlosen Geistesschwachen und -kranken, an unheilbar Siechen und tödlich Verletzten, an erblich Belasteten und lebensuntüchtigen Neugeborenen, an unschuldigen Geiseln und entwaffneten Kriegs- oder Strafgefangenen, an Menschen fremder Rassen und Abstammung. Auch die Obrigkeit kann und darf nur wirklich todeswürdige Verbrechen mit dem Tode bestrafen“.

http://www.kath.de/kurs/kg/21.htm#4 Aufruf 06/2017

Na also, wenn das kein Statement ist! Die selbsternannten Stellvertreter des Stellvertreters Gottes auf Erden (Papst !) heißen Tötungen für gut. Punkt.

Aber was, wenn nun Herr bin Laden krank war an Körper und Geist, gar genetische Defekte aufgewiesen hat? Weiß man`s?

Was für ein Dilemma! Aber selbst diese Umstände würden den Friedensnobelpreisträger Obama nicht sonderlich grämen, hat er doch auch hunderte von inhaftierten und entrechteten Menschen in seinem Foltercamp in der schönen kubanischen Bucht von Guantanamo nach der Übernahme durch seinem Amtsvorgänger George Bush, weiterhin einkerkern lassen und wer weiß was mit diesen Menschen gemacht?

Frau Merkel hingegen : 2015 öffnete sie die Landesgrenzen und vermeintlichen Herzen der Menschen für rd. eine Million Flüchtlinge, die, zunächst ungefiltert und ohne weitere Überprüfung, in Zeiten des Hochterrorismus in die beschauliche und weltoffene Bundesrepublik Deutschland einströmen durften, um es volkstümlich auszudrücken.

Das Ergebnis ist dann bis dato ja auch recht überzeugend; zahlreiche sogenannte islamistisch motivierte Anschläge mit dem bisherigen Höhepunkt auf dem Berliner Weihnachtsmarkt 2016 mit zehn Toten. Nur leider hat sie bis heute die mit dieser großartigen und herzerweichenden humanitären Amtshandlung den wohl (*2015 spekulativ beäugelten*) vermeintlich verdienten Friedensnobelpreis nicht ergattern können.

Der gutherzige Stifter des Nobelpreises, Alfred Nobel, würde sich dann aber bestimmt im Grabe herumdrehen, hätte er dies alles mitbekommen.

Smartphone, Computer, Tablet-PC und die vielen anderen Konsorten der medialen Welt und der digitalen Errungenschaften tragen nun wirklich nicht zu einer Ernüchterung und damit einhergehenden Rückkopplung zu einem gesunden Menschenverstand bei. Dies ist eigentlich unbestritten und tagtäglich in vielen Publikationen wissenschaftlicher und auch halbwissenschaftlicher Genese zu entnehmen. Die eifrig auf ihre Smartphones drückenden Mitmenschen die anderen vermeintlich Wichtiges mitteilen zu müssen, bemerken gar nicht mehr ihre degenerierten sozialen

Impulse, die eben dadurch revitalisiert werden sollen.

Wie verblödet ist eine Kultur, die über die sogenannten sozialen Netzwerke wie Facebook oder Twitter, oder noch professioneller über Linkedin und Xing, kommuniziert und im virtuellen Raum miteinander interagiert ?
Vernünftiges Atmen und damit verbundene entsprechende Sprachbildung werden ersetzt durch hastiges Posten und drücken auf ein paar Kunststofftasten mit Buchstaben. Millionen von sog. Nutzern sehen sich youtube-Videos an, in denen eine niedliche kleine Katze gezeigt wird, oder sie schauen zu, wie ein noch halbpubertierender Adoleszent sein Tagwerk verrichtet!

Das ist wahrlich intellektuell höchstes Niveau, gleichwohl entschuldbar mit den Worten des gekreuzigten Jesus Christus: : *Vater vergib ihnen, denn sie wissen nicht was sie tun".*

Doch wie immer im Leben ist das Kleine auch im Großen zu finden, sprich was Hänschen nicht lernt, lernt Hans nimmermehr. So dargestellt an einer wissenschaftlichen Disziplin, ein universitäres Lehrfach, ein Studium das nur mit Gottes Hilfe, seinem Segen und der eigenen verqueren Ansicht zu studieren ist, wenn man das so bezeichnen möchte.

Ich spreche hier von der Theologie, jener Lehre und Forschung, die die Glaubensoffenbarungen eines Gottes analysiert bzw. von vorneherein als wahr annimmt
(***schon bedenklich!!***) und sich doch mehr auf scheinbar historische Aspekte bezieht.

Jener Wissenschaft, die durchaus Äpfel für Birnen verkaufen könnte und das mit pathetischer Miene.
Jener Wissenschaft die einen hingerichteten Wanderprediger zum Gegenstand ihrer Lehre und Forschung erhoben hat und ***höchstens mit an Sicherheit grenzender Wahrscheinlichkeit*** die Aussage tätigen kann, das dieser Mann überhaupt gelebt hat oder ob es sich praktisch um eine schöne illusionäre Verkennung der Vergangenheit handelt und gehandelt hat.

Denn bewiesen ist gar nichts. Dem ist so, wie noch zu lesen sein wird. Wie in den meisten Wissenschaften, die sich mit dem Menschen, seinem Ursprung und Werdegang befassen, ist rein gar nichts auch nur annähernd erwiesen; pure Spekulation, Hypothesen und, Pardon, Verblödung, ob *absichtlich* oder u*nbeabsichtigt.*
Das ist die Frage!

Kapitel 1

Die theologische Wissenschaft
oder
Die große Frage nach Jesus

An dieser Stelle ein paar Worte zum Begriff der Verblödung.
Mit Verblödung ist hier nicht ***unbedingt*** der volkstümliche Begriff gemeint der in etwa gleichzusetzen wäre mit Idiotie, Schwachsinn oder anderen netten Ausdrücken,mit denen wir manchmal unsere Zeitgenossen oder anderes betiteln,was allerdings eine zutiefst menschliche Regung darstellt.
Verblödung im Kontext diese Buches ist tatsächlich als eine geistige Abstumpfung zu bewerten, wenn von neuen und logischeren Behauptungen und Beweisen trotzdem an alten, starren und überholten Strukturen und Bedingungen festgehalten wird.
Dies ist (meist) in den Wissenschaften der Fall, aber auch in Politik und Gesellschaft.
So mag denn jeder seine eigene Meinung zu den hier dargestellten Themen haben; so sie denn aber in eklatant-diametraler Art und Weise zum gesunden Menschenverstand steht, sollte dann aber doch schon einmal eine Überprüfung in welche Richtung auch immer stattfinden. Mit Verlaub!!
Die Theologie nun kann sich historisch auf Mitstreiter aus

dem 2. Jahrhundert nach Christus berufen, die erstmals die eigentliche christliche Theologie im Gegensatz zur Vielgötterei des heidnischen Brauchtums abgrenzten. Diese sogenannten *Apologeten* bezogen sich aber zunächst nur auf das rein göttliche Tun und Wirken, nicht auf die rein christliche Lehre.

Der französische Philosoph und Theologe Peter Abaelard (1079-1142), ein sog. Frühscholastiker (frei übersetzt mit Schulwissenschaftler), der ein hervorragender Dialektiker gewesen sein soll, und sein Amtskollege der Kirchenlehrer und Franziskaner Johannes Fidanza (1221-1274) ein sog. Hochscholastiker, der auch als Bonaventura bekannt ist, erklärten dann die Theologie zum „ *Gebiet des heiligen Wissens*“ mit ihrer Bedeutung für die allgemeine christliche Lehre. Also in etwa die Geburtsstunde der Theologie!

Sozusagen den letzten Feinschliff und das Fundament wurden dann von dem katholischen Kirchenlehrer und Dominikaner Thomas von Aquin(o), (1225-1274), dazu getan. Allerdings betonte schon damals Aquin mit erhobenem Zeigefinger, das die Theologie allenfalls eine theoretische und spekulative Wissenschaft sei. Allerdings wurde dieser Hinweis und gutgemeinte Ratschlag wohl dann recht schnell vergessen; wie anders ist es dann zu erklären, das diese angebliche Wissenschaft heute ein so unbekümmertes universitäres Leben führen kann, ohne auch nur den Ansatz von Schamesröte zu zeigen ?
Von den Kollegen der anderen wissenschaftlichen Fakultäten hinter vorgehaltener Hand milde belächelt

(wobei diese allerdings auch nichts zu lachen hätten !!) erfreut sich die Theologie samt ihrer Institutionen großer gesellschaftlicher Anerkennung und Wertschätzung.
Als *Wissen schaffendes System,* so eine einfache und gängige Definition über Wissenschaft, mag die (christliche) Gotteslehre und die damit verbundenen Offenbarungen ihren Stellenwert im akademischen Possenspiel dank ihres kulturellen Einflusses noch ihre Daseinsberechtigung behalten und weiterhin treue Gottesprediger heranzüchten und ihre Lehre von einem (hypothetischen) Gott dem gläubigen Volke vermitteln; das aber horrende wissenschaftstheoretische Makel vorhanden sind, interessiert die theologisch-akademische Gesellschaft wenig. Nach dem Motto *Was kümmert es den Mond, wenn die Hunde ihn anbellen* wird weiter doziert und somit spekuliert, was die Bibel aushält und ihr Hauptakteur, der zu einem Menschen gewordene Gott Jesus (oder war es umgekehrt?) hergibt. Da stört es wenig, das ein Gott einfach vorausgesetzt und kirchenamtlich akkreditiert wird und schon gar nicht stört es, das dieser Gott (wissenschaftstheoretisch) überhaupt nicht nachzuweisen wäre. Punkt.
So einfach kann Wissenschaft sein. Wie ich aber später an anderer Stelle noch darlegen werde, ist die Theologie hier in bester universitärer Gesellschaft. Andere Wissenschaften verhalten sich hier auch wie der sprichwörtliche Elefant im Porzellanladen.
Doch dazu nachher mehr.
Bevor ich dann dazu komme und darzulegen versuche,

ob dieser Jesus von Nazaret denn überhaupt gelebt hat, möchte ich nachfolgend speziell zur Wissenschaftstheorie der Theologie sozusagen eine Art Dossier zur Verfügung stellen der über die allgemeine Situation Auskunft geben soll, damit nicht voreilige Kritiker mir unterstellen, ich hätte mir dies alles aus den Fingern gesogen. Man weiß ja nie!

Wissenschaftstheorie der Theologie

Die Wissenschaftstheorie der Theologie versucht zu klären, in welchem Sinne und wieweit theologische Aussagen und Forschungen wissenschaftlichen Standards genügen. Als theologische Selbstreflexion ist sie Teil der Fundamentaltheologie. Wissenschaftstheorie versucht unter anderem, die Frage zu klären, inwieweit wir den Resultaten der Wissenschaft trauen können. Dabei fragt sie nach Bedingungen, Methoden und Grenzen wissenschaftlicher Erkenntnis. Es gibt einerseits die allgemeine Wissenschaftstheorie, in welcher Fragen erörtert werden, die alle Wissenschaften betreffen. Daneben gibt es spezielle Wissenschaftstheorien für die Einzelwissenschaften. Eines dieser Gebiete ist die Wissenschaftstheorie der Theologie.Dass Theologie eine Wissenschaft für sich ist, wird gelegentlich bestritten. Viele Gebiete, die sie im Universitätsbetrieb behandelt, werden auch durch Historiker, Philologen, Philosophen, Anthropologen, Psychologen und Soziologen behandelt. Eine Aufgabe der Wissenschaftstheorie der Theologie ist, zu zeigen, wie theologische Aussagen gewonnen und begründet werden. In Deutschland wird Theologie faktisch stets innerhalb von Konfessionen betrieben. Daher ist zu begründen, wie sich die Wahrheitsansprüche der unterschiedlichen Religionen und Konfessionen mit einer einheitlichen Methodik der Theologie vereinbaren lassen. Theologie, sofern sie sich als Lehre von Gott versteht, muss zuerst definieren, was sie mit dem Wort „Gott" meint: einen Sammelbegriff, bei dem abzugrenzen wäre, was darunter fällt und was nicht, oder die Bezeichnung eines Individuums? Einen gänzlich anderen Weg, der hier aber nicht dargestellt wird, stellt der Ansatz von Friedrich Schleiermacher dar, nach dem Theologie überhaupt keinen eigenen Gegenstandsbereich hat, sondern ihr Wissen lediglich durch einen gemeinsamen Zweck zusammengehalten wird, den er im „kirchenleitenden Handeln" sieht.

Der Gegenstand der Theologie

Viele Gebiete der Theologie sind mit anderen Wissenschaften verwandt. Ihre Einheit und ihre Abgrenzung zu anderen Wissenschaften erhalten sie dadurch, dass die Theologie Wissenschaft von Gott ist. Daher ist zunächst zu klären, wie man über Gott reden und urteilen kann.

Gott als Gegenstand der Theologie bei Pannenberg

Laut Wolfhart Pannenberg kann Theologie als Wissenschaft nur als Wissenschaft von Gott angemessen begriffen werden. Diese wird zunächst konfessionslos betrieben: Die Wissenschaft vom Christentum beispielsweise gründet auf der Wissenschaft von Gott, ist aber nicht mit ihr identisch. Dass die Existenz Gottes umstritten ist, ist fast trivial. Pannenberg sieht die Gottesfrage offen und unabgeschlossen. Der Gegenstand der Theologie fußt in diesem Problembewusstsein. Damit umgeht Pannenberg die Aporien einer dogmatischen positiven Theologie. Doch obwohl Gott nicht beobachtbar ist, gibt es Überprüfbarkeit bei Aussagen über Gott. Der Gedanke Gott ist an der erfahrenen Wirklichkeit von Mensch und Welt zu bewähren. Der Gottesgedanke bleibt dieser erfahrenen Wirklichkeit gegenüber hypothetisch. Da Gott nicht empirisch feststellbar ist, ist die Wissenschaft von Gott nur möglich, wenn Gott in anderen Gegenständen der Erfahrung mitgegeben ist. Intersubjektive Geltung hat die religiöse Erfahrung nur in ihrer Relevanz für das Welt- und Selbstverständnis des Menschen. Gott ist verstehbar als die alles umfassende Wirklichkeit. Die Theologie befragt die Totalität der (empirisch gegebenen) Wirklichkeit auf die letztlich bestimmende Wirklichkeit hin. Dies geschieht nicht mehr wie in der Tradition der Neuzeit, wonach Gott als erste Ursache der Welt gesehen wird, sondern der Zugang zum Gottesgedanken führt über das Selbstverständnis des Menschen. Die Wirklichkeit Gottes zeigt sich (im Gegensatz zum Gott der Philosophen) in der Geschichte. Gott zeigt sich in der Weise, wie die Wirklichkeit im Ganzen geschichtlich erfahren wird. Dies drückt sich in den einzelnen Religionen aus, da sich dort ein Verständnis der Wirklichkeit als Ganzes zeigt. In den Religionen wird (meist an besonderen historischen Ereignissen) die Selbstbekundung Gottes thematisch. Dies muss keineswegs auf die großen Religionen beschränkt bleiben. Da Religion allerdings intersubjektiv gültige Wahrheit schaffen will, hat eine rein individuelle religiöse Erfahrung keine umfassende theologische Relevanz. Die Besonderheit der theologischen Untersuchung ist die Frage nach der religiösen Intention einer religiösen Überlieferung in den einzelnen Religionen und ihrer Geschichte. Dies wird in den Einzelwissenschaften (auch in der Religionswissenschaft) weggelassen.

Gott als Gegenstand der Theologie bei Sauter

Laut Gerhard Sauter kann man über Gott nicht gegenständlich reden, sondern nur zu und mit Gott reden. Dabei kann man analoges Reden von Gott nicht vermeiden, muss aber beachten, dass dies nicht uneingeschränkt möglich ist. Das Reden von Gott gibt dem Reden über die Welt eine Ordnung, da von der Welt als Gottes Schöpfung geredet wird. Theologie stellt somit kein System von Wissen dar, das die Wirklichkeit abbildet, sondern redet in ihren Aussagen über die Welt auf Gott hin. Da Gott nicht empirisch beobachtbar ist, muss auf andere Weise über ihn geredet werden als über andere Dinge. Das Reden von Gott ist Sauter zufolge unabgegolten, zukunftsträchtig und hoffnungsvoll und nicht absolut, sondern kontingent. Da Sätze über Gott Hypothesen sind, sind sie überprüfbar. Diese Überprüfbarkeit ist nicht im empiristischen Sinne zu verstehen: Eine Aussage ist nicht nur dann wahr, wenn sie empirisch überprüft werden kann, sondern auch wenn sie begründet werden kann. Dies wird dem holistischen Charakter eines Theorienkomplexes bzw. Paradigmas gerecht, in dem nicht jede Einzelaussage empirisch überprüfbar sein muss, solange das Gesamtsystem mit der Wahrnehmung übereinstimmt. Dies ist auch die Hauptaussage der Duhem-Quine-These.

Theologische Urteilsbildung und Begründung

Theologisches Urteilen bei Pannenberg

Für Pannenberg sind die Behauptungen einer Religion Hypothesen, in der sich überlieferte Behauptungen an der gegenwärtigen Erfahrung bewähren müssen. Auch wenn eine Religion Offenbarungen für sich beansprucht, sind diese von Menschen überliefert und müssen auf Verlässlichkeit und Wahrheit geprüft werden. Die Theologie der Religionen prüft religiöse Überlieferungen am Maßstab ihres eigenen Verständnisses der göttlichen Wirklichkeit. Dies ist nicht auf die christliche Überlieferung beschränkt, sondern die Überlieferungen des Christentums sind nur ein Spezialfall. Eine theologische Aussage ist eine Hypothese über die Wahrheit von Ausprägungen des religiösen Bewusstseins. Indem Überlieferung und Gegenwärtigkeit aufeinander bezogen werden, kommt der Theologe zur Interpretation und Kritik damaliger und heutiger Sichtweisen. Überlieferte religiöse Aussagen bewähren sich dann, wenn sie den Sinnzusammenhang aller Wirklichkeitserfahrung besser erschließen als andere. Diese Bewährung erfolgt am Leben der einzelnen Menschen. Eine Hypothese ist dann nicht bewährt, wenn

1. sie nicht in der Überlieferung impliziert ist.
2. es keinen Bezug zur Wirklichkeit gibt.
3. es keinen Erfahrungsbereich gibt.
4. andere Hypothesen bessere Erklärungen liefern.

Pannenberg steht dem kritischen Rationalismus nahe, da Bewährung und Falsifikation für ihn eine große Rolle spielen. Im Gegensatz zu Karl Popper und Hans Albert überprüft er theologische Aussagen allerdings nicht wie naturwissenschaftliche Aussagen an einzelnen Sinnensdaten, sondern am Welt- und Selbstverständnis des Menschen.

Theologisches Urteilen bei Sauter

Sauter sieht die Theologie nicht als Wissenschaft, die auf Problemlösungsverhalten beschränkt ist. Die theologische Arbeit führt vielmehr zu Sinnkonstitution und Sinnvermittlung. Die Sinnfrage angesichts totaler Fraglichkeit ist grundlegend für theologische Probleme. Dabei gerät die Theologie in einen Zwiespalt von Totalität und Einmaligkeit, da kontingente Situationen mit einem allumfassenden Sinnhorizont vereinbart werden sollen. Der Theologe kann daher nur begrenzte Aussagen machen: Seine Totalbegriffe (wie „Gott") sind zur Explikation der Theologie notwendig, können die Wirklichkeit aber nicht adäquat beschreiben. Obwohl Theologie alle Sprechakte des Glaubens mit einschließt, muss sie sich vergegenständlichen und wird dadurch auf die Sprachhandlung der Aussage beschränkt. Theologie ist auch Sprachkritik, sie muss sich um eine klare Sprache bemühen und den Sinn und die Bedeutung ihres theologischen Vokabulars transparent machen können. Das Gegenstandfeld der Theologie ist die Geschichte. Dies darf jedoch nicht verabsolutiert werden: Reden von Gott ist zwar auch in der Geschichte möglich, man darf Gott aber nicht mit der Geschichte gleichsetzen. Die Theologie muss also nicht nur über das geschichtliche Wirken Gottes zu reden versuchen, sondern auch über die Gegenwärtigkeit Gottes. Der Fortschritt in der Theologie wird nicht durch das Problemlösen erreicht, sondern durch das Verstehen ihrer Zeit und durch Anpassung oder bewusste Unangepasstheit an den Zeitgeist. Dieses Vorgehefällt unter das Schlagwort challenge and response. Die Theologie soll ihre Traditionen vermitteln, ohne sie nur zu rezitieren. Der Erkenntnisgewinn erfolgt im Ausgleich zwischen Tradition und Gegenwart. Theologische Aussagen können gewonnen werden, indem autoritäre Texte aus Überlieferungen daraufhin befragt werden, welche verbindlichen Aussagen

sie enthalten. Dies kann allerdings nicht naiv übernommen werden: Theologische Aussagen sind nur formulierbar, wenn sie auch überprüfbar sind. Sie müssen in den Begründungszusammenhang der Theologie gehören und aus ihm abgeleitet werden können. Sauter differenziert zwischen Entdeckungs- und Begründungszusammenhang. Die Gewinnung theologischer Aussagen (beispielsweise durch Rückgriff auf die Geschichte) darf nicht mit ihrer Begründung verwechselt werden. Die Begründung einer theologischen Aussage muss nicht auf empirische Verifizierbarkeit beschränkt sein. Für Sauter spielt die Kirche eine große Rolle für die Begründung, da sie eine kommunikative Instanz ist, die einen Konsens herstellt. Die Frage nach der Wahrheit kommt im Prozess der Dialogführung zum Austrag. Hierbei werden Dialogregeln aufgestellt, die beispielsweise kanonische Texte festlegen und Interpretationsregeln ausarbeiten. Anstelle eines metaphysischen Systems tritt somit die kommunikative Wahrheitsfindung. Sauter steht der Diskurstheorie nahe, die auch von Jürgen Habermas und Karl-Otto Apel vertreten wird. Daher gelten für ihn die generellen Einwände gegen die Diskurstheorie: Ein christlicher Konsens, der festlegt, dass Gott sich im Alten Testament und Neuen Testament und insbesondere in der Person Jesu Christi zeigt, kann nur aufgrund intersubjektiver Übereinstimmung keineswegs für die Wahrheit dieser Aussage garantieren. Indem Sauter sich sehr weit von empirischer Überprüfbarkeit entfernt, kann er den Bezug von durch Konsens gewonnenen Aussagen und Wirklichkeit nicht mehr ohne weiteres herstellen. Dies wird vor allem daran deutlich, dass verschiedene Kommunikationsgemeinschaften zu unvereinbaren Konsensen kommen können

Die Neutralität dieses Artikels oder Abschnitts ist umstritten. Eine Begründung steht auf der Diskussionsseite. Weitere Informationen erhältst du hier.

Fragen und Konzepte zur Funktionsweise der Wissenschaften existieren bereits seit der Antike. Die systematische Wissenschaftstheorie entwickelte sich aber vor allem in der Tradition des Logischen Empirismus des Wiener Kreises in den 20er und 30er Jahren des 20. Jahrhunderts und in der Folge des Neukantianismus. Dem von Moritz Schlick gegründeten Wiener Kreis gehörten Philosophen, Mathematiker und Naturwissenschaftler wie Rudolf Carnap und Otto Neurath an. Sie waren vor allem an der modernen Mathematik und den exakten Wissenschaften orientiert. Einen großen Einfluss auf den Wiener Kreis übte das Frühwerk Wittgensteins, der Tractatus Logico-Philosophicus aus. Der frühe Logische Empirismus ging streng von den Sinnesdaten als Gegebenem aus. Jeder sinnvolle Satz musste sich an Sinnesdaten überprüfen lassen. „Der Sinn eines Satzes ist die Methode seiner

Verifikation" ist das berühmte Sinnkriterium des Wiener K geworden. Da Aussagen, die Begriffe wie Gott enthalten, nicht unmittelbar verifizierbar sind, haben solche keinen kognitiven Sinn. Religionen haben aus Sicht des Logischen Empirismus deswegen keinen kognitiven Sinn und können nicht in einem rationalen System behandelt werden, können aber sehr wohl einemotiven Sinn haben. Sie können, ähnlich wie die Kunst, ein Lebensgefühl ausdrücken. Metaphysik allerdings – im Wortgebrauch der logischen Empiristen ein Gebiet, das religiöse (emotive) Aussagen fälschlicherweise so behandelt, als wären es kognitive Aussagen – lehnte der logische Empirismus als aus Scheinproblemen bestehend ab. Ein ähnliches Problem ergab sich im Blick auf die Ethik, weil sie offenbar auf Werte Bezug nehmen muss, die aber keine Sinnesdaten in der Welt darstellen. Für die Theologie gibt es zwei Auswege: Entweder sie redet nicht mehr von Gott und macht sich damit gegenstandslos, oder sie bestreitet die mit dem Verifikationskriterium einhergehende Bedeutungstheorie. Kritik an dem Verifikationskriterium wurde bereits innerhalb des logischen Empirismus geäußert, beispielsweise von Reichenbach. Die bekannteste Bestreitung des Verifikationskriteriums stammt von Karl Popper. Mit dem Lehrbuchbeispiel „Alle Schwäne sind weiß" zeigte er, dass All-Sätze nie vollständig verifiziert werden können. Anstelle des Verifikationskriteriums setzte er daher das Falsifikationskriterium. Sein Falsifikationskriterium ist nicht direkt mit einer Bedeutungstheorie verbunden. Metaphysische Sätze – in Poppers Diktion Sätze, die nicht falsifizierbar sind – sind zwar nicht empirisch, können aber unter Umständen doch kritisierbar und damit rational behandelbar sein. Ein weiteres Problem des Verifikationskriteriums ist mit dem Vorhandensein unbeobachtbarer Entitäten verbunden, was sich in den sogenannten Theoretischen Termen in naturwissenschaftlichen Theorien bemerkbar macht. Schon Atome können nicht direkt beobachtet werden, bei Quarks, Neutrinos oder anderen subatomaren Teilchen ist auch ein indirekter Nachweis schwierig. Theoretische Entitäten werden nicht aufgrund von Beobachtungen in eine Theorie integriert, sondern zum Beispiel durch den Schluss auf die beste Erklärung. Dieser abduktive Schluss postuliert zu einer Beobachtung eine hypothetische Ursache derart, dass die Ursache die Beobachtung erklären kann und keine wahrscheinlichere Hypothese erkennbar ist. Dies ist allerdings kein allgemeingültiger Schluss. Der Lichtäther und das Phlogiston sind zwei Beispiele, in dem diese Schlussart in den exakten Wissenschaften später durch Experimente widerlegt wurde. Der Logische Empirismus reagierte auf diese Kritik mit einem modifizierten Kriterium, das statt auf Verifikation auf den allgemeineren Begriffen „Prüfbarkeit" und „Bestätigbarkeit" beruht. Theoretische Terme sind zulässig, solange sie empirische Prognoserelevanz haben. Dieses Kriterium ist normativ, wird also von den logischen Empiristen nicht logisch, sondern aus Zweckmäßigkeit begründet. Außerdem grenzt es nur Empirisches von Nicht-Empirischem ab, markiert also nicht mehr unbedingt die Grenze des rational Behandelbaren. Daher gilt der Einwand des Logischen Empirismus nicht mehr uneingeschränkt, wonach über Gott aufgrund seiner Unbeobachtbarkeit nicht rational gesprochen werden kann. Eine andere Antwort war die Trennung von Geistes- und Naturwissenschaften und Orientierung an Hermeneutik, Historismus oder Konsens. Eine solche Spaltung ist aber sehr umstritten, auch wenn das Ideal einer Einheitswissenschaft, was beispielsweise im Logischen Empirismus angestrebt wurde, ebenfalls kritisiert wird. Die meisten Konzeptionen zur Wissenschaftstheorie stehen allerdings in der Tradition der analytischen Philosophie, die eine generelle Spaltung der Geistes- und Naturwissenschaften ablehnt und den Aussagecharakter der Wissenschaft betont.

Antirealistische Theologie

In der gegenwärtigen Wissenschaftstheorie spielt die Debatte um Realismus und Antirealismus in der Wissenschaft eine große Rolle. Insbesondere sind die Fragen umstritten, ob Naturgesetze wahr sind und ihre postulierten Objekte auf real existierende Entitäten referieren. Der bekannteste antirealistische Wissenschaftstheoretiker ist Bas van Fraassen. Seiner Meinung nach ist das Ziel der Wissenschaften nicht Wahrheit, sondern empirische Adäquatheit. Eine Theorie ist demnach wissenschaftlich haltbar, wenn sie mit den Sinnesdaten übereinstimmt. Dies vermeidet zwei Probleme des wissenschaftlichen Realismus: Erstens verhält es sich unbeobachtbaren Entitäten gegenüber agnostisch und vermeidet damit irrtümliche Existenzaussagen wie bei Äther und Phlogiston. Zweitens zollt es der Unterdeterminiertheit von Theorien Tribut: Da mehrere Theorien empirisch adäquat sein können und sich gegenseitig widersprechen, muss der Realist weitere, nicht ohne weiteres motivierbare Kriterien einführen, um die eine Theorie als wahr und die andere als falsch auszuzeichnen. Dies kann der Antirealist vermeiden. Für ihn ist eine Koexistenz rivalisierender Paradigmen möglich. Eine antirealistische Interpretation der Theologie kann das Problem der konfessionellen Theologien vermeiden und Theologie auch radikalem Atheismus gegenüber wissenschaftlich akzeptabel sein lassen. Eine bestimmte Religion ist genau dann ein theologisches Paradigma, sofern es dem Kriterium der empirischen Adäquatheit genügen kann. Dies muss sich am Selbst- und Weltverständnis des Menschen bewähren. Verschiedene Konfessionen haben

dabei den Status rivalisierender Paradigmen. Im Unterschied zu einer realistischen Interpretation muss jedoch keine Konfession vor einer anderen ausgezeichnet werden, sondern in Bezug auf ihren Wahrheitsgehalt verhält sich der Theologe agnostisch. Ein christlicher Theologe zeichnet sich lediglich dadurch aus, dass er am wissenschaftlichen Forschungsprogramm des christlichen Paradigmas mitwirkt. In antirealistischen Wissenschaftskonzeptionen kann die Wahrheitsfrage in der Wissenschaft somit ausgeklammert werden, sodass diese erst im existentiellen Selbstverständnis des einzelnen Menschen in Erscheinung tritt. Insofern spricht man dann nicht von Wahrheit, sondern von Rechtfertigungsmöglichkeiten. Davon unbenommen ist der persönliche Glaubensakt. Ein Atheist wiederum kann alle Aussagen über Gott dahingehend verwerfen, dass ihnen kein Referenzobjekt entspricht. Die empirische Relevanz von Konfessionen und Religionen ist davon unbetroffen. Agnostiker wiederum enthalten sich eines abschließenden Urteils darüber, ob ein Gott ist oder nicht. Der persönliche Glaube ist unter diesen Voraussetzungen unterschieden vom objektiv wissenschaftlichen Vorgehen des Theologen.

Soweit nun also der wissenschaftstheoretische Exkurs in die theologischen Himmelsgefilde. Viel ist dabei allerdings nicht herausgekommen, wie ich mir zu postulieren gestatte.

Eigentlich ist gar nichts *erwiesen*. Soll ja nun auch nicht *unbedingt*, wie zu lesen war, das *Hauptargument* wissenschaftlichen Forschens und Arbeitens sein. Kein Wunder ist es dann aber auch wenn schon nicht Gott bewiesen werden kann, dann aber wenigstens die Ursachen von Schweißfüßen? Aber hier müssen die

Kollegen der medizinischen Fakultät auch einen Offenbarungseid ablegen. Fehlanzeige: Man (Medizin) weiß keine Ursachen für Schweißfüße. Jedenfalls nicht so ganz genau. Dieses oder Jenes, Hormonelles oder Konstitutionelles; eben halt vielschichtig, das Ganze.

In allen wissenschaftlichen Theorien stoßen wir auf die unvermeidliche Begrenzung unseres Wissens, die sich durch eine notwendigerweise begriffliche Fixierung des Tatsachenmaterials ergibt. Wir können Wissen anhäufen so viel wir wollen, ohne uns dabei sinnvollen Zielen und Zwecken zu nähern. Unsere rationalen Kenntnisse vermehren sich zwar, jedoch die Erkenntnis vertieft sich nicht.

Laurent Verycken-Formen der Wirklichkeit-Penzberg 1994

Nun aber zum eigentlichen Grund dieser Darstellung der *theologischen Wissenschaft.* Es geht um ihren eigentlichen Hauptakteur, den Nazarener Jesus Christus, den Stifter des Christentums. Hat er nun gelebt oder nicht? Was für eine einfache Frage mit doch unermesslicher Tragweite und Tragik, so sie denn beantwortet werden kann. Aber auch hier schon einmal der Hinweis, das so recht nichts zusammen passt im Puzzlespiel der theologischen Detailarbeit. Allen Unkenrufen zum Trotz.

Wenn es schon keinen Gott gibt, äh, sein Dasein, seine Existenz nicht bewiesen werden kann dann muß doch wenigstens, Wissenschaftstheorie hin oder her, doch einer seiner führenden Protagonisten und Fürsprecher, sein treuester Diener, sein persönlicher Offenbarungsassistent, schließlich und endlich sein Sohn und letztendlich der Höchste selbst ja dann doch gelebt haben?! Ja aber was denn nun? Also bei diesem Durcheinander kann einem aber rasch der Überblick abhanden kommen.

So muß es dann wohl auch den Propheten, Apologeten und den Evangelisten gegangen sein, als sie anfingen, größtenteils mehr als ein halbes Jahrhundert nach dem vermeintlichen Kreuzigungstod des Gesalbten, sein Wirken und Handeln etwas zu ordnen und der gläubigen Nachwelt dann auch in verbindlicher schriftlicher Form zu hinterlassen. Denn diese ständige Mund zu Mund Nachrichtentechnik wäre ja kein dauerhafter Zustand gewesen und dem Geschreibsel der wenigen nicht-christlichen, meist römischen Autoren, konnte man auch kein allzu großes Vertrauen entgegenbringen.

Denn worauf sich die Erkenntnis der systematischen Theologie mit ihrem Forschungsableger der Christologie, der „Christuskunde" stützt und als faktische Beweise für eine Existenz Jesu heranzieht, sind die vagen und oft in Kopie vorliegenden Äußerungen von vier Quellen, die bei genauerem Hinsehen eben nicht das halten, was sie versprechen. Wie der Leser unschwer erkennen kann, haben wir es mit der Theologie mit einem Paradebeispiel der kulturellen Verblödung zu tun.

Dies ist weder abwertend noch zynisch gemeint; die spätere Darstellung anderer sogenannter Wissenschaften stehen ihrer theologischen Stiefschwester hinsichtlich ihrer Aussagekraft und des mentalen Zustandes ihrer Vertreter in nichts nach. Dies wird noch zu lesen sein!

Zurück zum Thema. Nachfolgend eine Erläuterung zur wahrhaften Existenz des Jesus von Nazaret, um auch die krampfhafte Beweisführung der Protagonisten darzustellen.

Frage & Antwort, Nr. 461 Hat Jesus tatsächlich existiert
Von Fabian Maysenhölder

Wir feiern jedes Jahr Weihnachten - und damit die Geburt eines Mannes namens Jesus, der vor rund 2000 Jahren gelebt haben soll. In letzter Zeit begegnet mir immer wieder die Ansicht, Jesus habe als historische Person nie existiert. Baut das Christentum auf einer Erfindung auf? (fragt Herbert K. aus Köln)

Kurz vor Weihnachten stellt sich die ganz große Frage: Hat Jesus von Nazareth, der Mann, der von Christen seit knapp 2000 Jahren als "Sohn Gottes" verehrt wird, tatsächlich existiert? Auf den ersten Blick mutet es angesichts der Wirkungsgeschichte als absurde Frage an. Aber: Es erscheinen tatsächlich immer wieder Texte und gelegentlich Bücher, die genau dies behaupten: Jesus hat es nie gegeben. Nicht zuletzt begeben sich einige Vertreter des sogenannten "Neuen Atheismus" in das Fahrwasser dieser Tradition, die seit der Aufklärung immer wieder die Existenz eines historischen Jesus infrage stellt. Man bezeichnet diese Tradition als Jesus-Mythos oder Nichthistorizitäts-Hypothese.

Um die Antwort auf die Frage überschaubar zu halten, soll es nicht darum gehen, ob Jesus so, wie er uns in der Bibel dargestellt wird, existiert hat. Inwieweit bestimmte Zuschreibungen zutreffen, soll außen vor bleiben. Die gestellte Frage geht nämlich noch einen Schritt weiter: Gab es überhaupt

eine historische Person, auf der die Erzählungen gründen?

Josephus, Tacitus, Plinius

Lässt man die biblischen Quellen außer Acht, so gibt es dennoch einige Überlieferungen, die eine historische Person Jesus erwähnen: allen voran Flavius Josephus, ein jüdischer Geschichtsschreiber aus dem 1. Jahrhundert. Er erwähnt Jesus an zwei Stellen. Eine der beiden ist umstritten und könnte möglicherweise im Laufe der Überlieferung verfälscht worden sein, enthält aber aller Wahrscheinlichkeit nach einen historischen Kern. Die zweite schätzen Historiker fast einstimmig als echt ein. Darin heißt es: "Er [der Hohepriester, Anm.d.Red.] versammelte daher den Hohen Rat zum Gericht und stellte vor diesen den Bruder des Jesus, der Christus genannt wird, mit Namen Jakobus, sowie noch einige andere, die er der Gesetzesübertretung anklagte und zur Steinigung führen ließ."

Josephus ist deshalb als Quelle so bedeutend, weil er selbst dem pharisäischen Judentum angehörte und kein Interesse daran hatte, Christen in die Karten zu spielen.

Auch bei römischen Schriftstellern wie Plinius dem Jüngeren und Tacitus finden sich Notizen über Jesus, die unter anderem seinen gewaltsamen Tod erwähnen. Tacitus zum Beispiel ist sich sicher: "Christus" ist ein Jude, der unter Pontius Pilatus hingerichtet wurde. Und: Er ist der Begründer einer Bewegung, die sich "Christen" nennen und zur Zeit Neros in Rom bekannt waren.

Die außerbiblischen Quellen haben aber vor allem zwei wichtige Funktionen: Zum einen belegen sie, dass selbst härteste Gegner des Christentums nicht auf die Idee kamen, die Existenz Jesu anzuzweifeln. Zum anderen lassen sie sich in dem wenigen, das sie überliefern, gut mit dem vereinbaren, was auch in biblischen Texten erzählt wird: Jesus wurde gekreuzigt und hatte einen Bruder namens Jakobus.

Evangelien - durchweg unglaubwürdig?

Und damit muss noch eine andere Frage gestellt werden: Warum sollten die biblischen Evangelien und etwa die Berichte des Paulus als historische Zeugnisse überhaupt außen vor bleiben? Freilich finden sich darin zahlreiche Zuschreibungen auf Jesus, die kritisch auf ihre Intention hin überprüft und hinterfragt werden müssen. Biblische Texte aber nur aufgrund der Tatsache, dass sie von Anhängern Jesu geschrieben worden sind, als komplett und durchweg unglaubwürdig zu verwerfen, ist aus quellenkritischer Sicht schlicht absurd. Viele Geschichtswissenschaftler nehmen Abschnitte der Evangelien und biblischer Texte heute als historisch zuverlässig ernst.

So spricht zum Beispiel der häufig vorgebrachte Einwurf, die Evangelien würden sich in ihrer Beschreibung des Lebens Jesu widersprechen, eher für eine Authentizität als für eine Erfindung. Die Widersprüche weisen auf verschiedene Überlieferungen mit Blick auf den historischen Jesus hin. Handelte es sich einfach nur um eine Erfindung, wäre hier deutlich mehr homogenisiert worden.

Ockhams Rasiermesser

Mehr zum Thema

Um davon überzeugt zu sein, dass Jesus eine historische Person war, muss man kein Christ sein. Selbst eifernde Atheisten wie Richard Dawkins bezweifeln nicht ernsthaft die Existenz des Menschen Jesus von Nazareth. Schlicht, weil aus historisch-kritischer wissenschaftlicher Perspektive alles dafür spricht, dass es ihn gegeben hat. Letztlich müssen sich Vertreter eines Jesus-Mythos auch "Ockhams Rasiermesser" stellen. Dahinter verbirgt sich das von Wilhelm von Ockham formulierte wissenschaftstheoretische Sparsamkeitsprinzip. Es besagt, dass von mehreren möglichen Erklärungen für einen Sachverhalt die

einfachste allen anderen vorzuziehen ist. Und Fakt ist: Wer behauptet, dass ein historischer Jesus nicht existiert hat, geht mit vielen Grundannahmen an die Interpretation der Quellen heran. Viel einfacher - und deshalb auch nicht ernsthaft anzuzweifeln - ist die Erklärung: Jesus hat existiert.

n-tv.dhttp://www.n-tv.de/wissen/frageantwort/Hat-Jesus-tatsaechlich-existiert-article19165101.html Aufruf 09/2017

Was für ein flammendes Plädoyer für die Existenz des Gottessohnes oder für Gott selbst? Und wie die Faust auf das Auge , passt dann auch die zur Hilfenahme eines Philosophen, **Theologen** und **streng gläubigen** Vertreters der Scholastik; *Wilhelm von Ockham*. Wie heißt es noch so treffend volkstümlich: ***Eine Krähe hackt der anderen kein Auge aus...***

Bei dieser (wissenschaftlichen) Frechheit bleibt mir als interessierter Laie doch glatt die Spucke weg.
Aber dieses gebaren ist ein ubiquitäres wissenschaftliches Phänomen.

Der sog. Spätscholastiker Wilhelm von Ockham, gestorben 1347 in München, formulierte seine Rasiermessermethode (diese Umschreibung stammt nicht von ihm!) wie nachstehend:

Von mehreren möglichen Erklärungen für ein und denselben Sachverhalt ist die einfachsteTheorie allen anderen vorzuziehen.

Eine Theorie ist einfach, wenn sie möglichst wenige Variablen und Hypothesen enthält und wenn diese in klaren logischen Beziehungen zueinander stehen, aus denen der zu erklärende Sachverhalt logisch folgt.

Demnach wäre dann aber die einfachste Theorie mit wenigen Variablen und Hypothesen auskommend, sich nicht auf unklare und nebulöse Quellen zu verlassen; denn die gemachten Quellenangaben, die ich gleich noch anführen werde, besitzen alles andere, aber eben keine logischen Relationen zueinander.

Danach müßte dann ja rein wissenschaftstheoretisch die Konklusion zulässig sein, Jesus hat ***nicht*** existiert. Oder liege ich da jetzt falsch? Nö, finde ich nicht!!

Nachfolgend die bereits erwähnten Quellen die, so man denn guten Willens sein möchte, alles oder auch nichts aussagen.

Wobei ich persönlich mehr zu *nichts aussagen* tendiere bzw. es für realistischer halte. Wie auch in dem genannten Artikel festzustellen ist, wird mit unverhohlener Arroganz und (fälschlicher) Gelehrsamkeit etwas versucht zu erklären, das jeglicher Grundlage entbehrt.

Der römisch-jüdische Geschichtsschreiber Flavius Josephus (gestorben etwa 100 n. Chr.) verfasste u.a. das Werk *Bellum Judaicum, Die Geschichte der jüdischen Kriege.* **Hier allerdings wird der Name Jesus überhaupt nicht erwähnt.**

Das Werk *Testimonium Flavianum, enthalten in Jüdische Archäologie und Altertümer,* allgemein von der Theologie herangezogen als Beweis ist geradezu lächerlich!

Die erste Erwähnung wird allgemein als umstritten angesehen, da die **Echtheit** nicht nachgewiesen werden kann und man **vermutet**, das diese Äußerungen unter

christlichem Einfluss entstanden sind, sprich andere Autoren mit **christlich-theophiler** Neigung haben hier wohl ihren sakrosankten Senf hinzugegeben.

Eine zweite Erwähnung wird ***meist*** als Original betrachtet, wobei diese Textpassage sich als Zitat in der *Kirchengeschichte* des Eusebius von Caesarea aus dem **4 Jhrdt, n.Chr.** wiederfindet.

Also das nenne ich fundierte wissenschaftstheoretische Studien, das vermutet wird, was die theologischen Gehirne so von sich geben. Doch weiter geht`s in den kirchengeschichtlichen *„Studien“*.

Der römische Schriftsteller *Cornelius Tacitus* (ca. 55 n.Chr.-120 n.Chr.) wurde bekannt durch seine Schrift *De origine, situ, moribus ac populis Germaniae,* die er etwa 98 n.Chr. verfasste und eine der ältesten schriftlichen Quellen über die Germanen darstellt.

In seine *Annales, der Geschichte des römischen Reiches,* schreibt er etwas über die Hinrichtung eines Jesus; inwieweit dies aber authentisch und verifizierbar ist, bleibt dahingestellt. Denn der glänzende Redner Tacitus, Historiker, Senator und Konsul, bediente sich gerne und oft vieler anderer Quellen früherer Kollegen; dies für sich genommen ist schon recht dubios; woher aber sein Wissen über das Christentum stammte ist nicht bekannt. Somit ist auch diese angebliche außerchristliche Quelle nur mit aller gebotenen Vorsicht zu sehen und zu bewerten.

Plinius der Jüngere, (ca. 62-113 n.Chr.) ein in römischen Diensten stehender Beamter, Neffe und

Adoptivsohn von Plinius dem Älteren, bringt nun wirklich keine Novität zum Sachverhalt.
Der damalige Statthalter des heutigen türkischen Izmir verließ sich mehr auf`s *Hörensagen* und seine *Akten* statt selber Nachforschungen anzustellen.
Damit möchte ich den Plinius auch nicht mehr in seiner Ruhe stören!!

Gajus Sueton Tranquillus (70-140 n.CHr.) trägt mit seiner Schriftstellerei allerdings auch nicht dazu bei, die christliche Existenz des Jesus von Nazaret im himmlischen Lichte zu erhellen.
Der römische Verwaltungsbeamte und Schriftsteller wurde bekannt mit seinen *Acht Büchern übe das Leben der römischen Kaiser (* De vita Caesarum Libri VIII).
Von Caesar über Augustus bis zum tragischen Kaiser Domitian berichtet er in diesem Werk über das Leben dieser Männer. In diesen Büchern wird eine Verordnung des römischen Kaisers Claudius erwähnt, der mit diesem Erlass die Christen aus Rom ausweisen wollte.

Die Juden, welche von einem gewissen Chrestos aufgehetzt fortwährend Unruhe stifteten, vertrieb er aus Rom

Da dem Sueton allerdings Jesus als Person ***nicht bekannt war***, sondern dies mehr oder weniger auf die **Christen in Rom** bezog, kann auch dieser angebliche „*Beweis*" für eine Existenz von Jesu nicht geltend gemacht werden.

Blieben noch sozusagen als letztes biblisches Geschütz die vier Evangelisten, Matthäus, Markus, Lukas und

Johannes, übrig.

Doch auch hier fängt das Dilemma schon am Anfang an. Die Angaben der angeblichen Verfasser gehörten ***nicht*** zum Originaltext der Urevangelien, sondern wurden später, aus wenig bekannten Gründen, wohl willkürlich hinzugefügt. ***Wer also die Evangelien geschrieben hat, ist nicht bekannt!***

Die Quellenlage zu dieser Thematik ist unübersichtlich und ein heilloses Durcheinander von Hypothesen, Theorien, Vermutungen und Annahmen. Rein *gar nichts* ist erklärt. Ich verweise den Leser hier auf entsprechende Selbstrecherche und Lektüre.

Leider kann ich nichts anderes mitteilen.

Noch ein letztes Wort zu den im Artikel genannten Evangelien. Hier dann zu sagen, das es aus *Quellenkritischer Sicht* absurd sei, die Aussagen des Evangeliums zu bezweifeln, ist schon selber absurd. Wenn überhaupt, wurden die Evangelien ca. 60-80 Jahre nach dem Tod von Jesus niedergeschrieben. Und das die divergierenden Äußerungen in den Evangelien eher als glaubwürdig denn als unwahr gelten aufgrund eben dieser Unterschiede ist einfach nur albern. Ein einmal existierender Mythos, eine Legende oder auch Sage wird natürlich durch ***zunächst mündliche*** Überlieferung in vielen Teilen seines Urkerns eine Änderung erfahren; selbstverständlich.

Und selbstverständlich bleibt über einen Zeitraum von fast 100 Jahren die Quintessenz erhalten. Das ist aber noch kein schlüssiger Beweis für etwas. Also

wissenschaftstheoretisch höchst bedenklich.
Was bleibt als Resümee?

Die Faktenlage ist beunruhigend und höchst bedrohlich für die Theologie. Doch das stört sie wenig. Allerdings denke ich das wir es hier mit einem Produkt der allerhöchsten wissenschaftlichen Verblödung zu tun haben, ganz im Sinne der Dudendefinition. Denn wie soll man es sonst bezeichnen, wenn wie dargestellt, Kriterien und Parameter nach eigenem Gutdünken umgemünzt werden, nur um ins akademische Schema zu passen? Entweder sollen damit die Menschen die es letztendlich betrifft verblödet werden oder es handelt sich wirklich um ein begrenztes geistiges Potential der Urheber. Anzunehmen! Doch möchte ich zu guter letzt dem deutschen Philosophen Friedrich Nietzsche (1844-1900) ein Wort zur Thematik erteilen, das eigentlich alles beinhaltet.

Wer Theologen-Blut im Leibe hat, steht von vornherein zu allen Dingen schief und unehrlich. Das Pathos, das sich daraus entwickelt, heißt sich Glaube: das Auge ein für alle Mal vor sich schließen, um nicht am Aspekt unheilbarer Falschheit zu leiden. Man macht bei sich eine Moral, eine Tugend, eine Heiligkeit aus dieser fehlerhaften Optik zu allen Dingen, man knüpft das gute Gewissen an das Falschsehen, – man fordert, daß keine andre Art Optik mehr Werth haben dürfe, nachdem man die eigne mit den Namen »Gott«, »Erlösung«, »Ewigkeit« sakrosankt gemacht hat. Ich grub den Theologen-Instinkt noch überall aus: er ist die verbreitetste, die eigentlich unterirdische Form der Falschheit, die es auf Erden giebt. Was ein Theologe als wahr empfindet, daß muß falsch sein: man hat daran beinahe ein Kriterium der Wahrheit. Es ist sein unterster Selbsterhaltungs-Instinkt, der verbietet, daß die Realität in irgend einem Punkte zu Ehren oder auch nur zu Worte käme. So weit der Theologen-Einfluß reicht, ist das Werth-Urtheil auf den Kopf gestellt, sind die Begriffe »wahr« und »falsch« nothwendig umgekehrt: was dem Leben am schädlichsten ist, das heißt hier »wahr«, was es hebt, steigert, bejaht, rechtfertigt und triumphiren macht, das heißt »falsch«

Friedrich Nietzsche-Morgenröte-Der Antichrist

Als Anhang nachstehend noch zwei Artikel, die die von mir gemachten Äußerungen zum größten Teil ergänzen und als Beleg dienen sollen.

Pfarrer: „Jesus Christus gab es nicht“
Calvinist hält Jesus für einen „Mythos aus Ägypten“ und löst Debatte aus.

Den Haag. Bei den vielen Schattierungen des protestantisch-calvinistischen Glaubens in den Niederlanden ist vieles möglich. Vor allem wird unter Calvinisten viel und heftig über ihren Glauben diskutiert. Derzeit sogar über eine Frage, von der eigentlich fast alles abhängt: Ob es Jesus wirklich gegeben hat. Und was verkündete da jüngst Pfarrer Edward van der Kaaij von der Kanzel in der Vredenskerk (Friedenskirche) im Städtchen Nijkerk nordöstlich von Utrecht: „Jesus gab es nicht. Er ist ein Mythos.“

Der Pfarrer, der Jesus leugnet, ist in aller Munde und löst heftige Debatten aus. In Nijkerk (40.000 Einwohner) schätzt man ihn darob sehr, obwohl es auch Kritiker gibt, die mit seiner „Lehre“ nicht einverstanden sind: „Unser Pfarrer bezweifelt das, woran wir glauben“, heißt es. „Er predigt Unsinn.“ Und so schlägt ihm ein rauer Wind entgegen: In anderen reformierten Gemeinden will man ihn nicht mehr hören, schon gar nicht als Prediger von der Kanzel. „In vielen Gemeinden ist Herr van der Kaaij nicht mehr willkommen“, stellt Meindert Zuur vom calvinistischen Kirchenrat der Kruiskerk (Kreuzkirche) fest. „Seine Auffassungen sind mit unserem Glauben nicht vereinbar.“ Der Pfarrer, ein studierter Jurist und Theologe, hat seine Thesen in einem Buch publiziert. Titel: „Die schwierige Wahrheit des Christentums“. Die Kernthese: Der historische Jesus, wie man ihn aus der Bibel kennt, hat nie existiert. Die Figur wurzle in einem uralten Mythos aus Ägypten, in dem sich alle Elemente des christlichen Glaubens fänden, etwa die Geburt Jesu durch eine Jungfrau, das Sterben am Kreuz, die Auferstehung. „Nicht alles, was in der Bibel steht, ist auch geschehen“, meint van der Kaaij ferner. Dennoch glaube auch er an ein Leben nach dem Tod.

Symbol für Gedankenfreiheit

Selbst laizistische Kommentatoren in holländischen Medien halten die Jesus-Leugnung durch einen Pfarrer für ein „starkes Stück". Sie sehen aber eine Symbolik der Freiheit des Denkens in den Niederlanden: „Hier darf so ein Pfarrer in seiner Heimatgemeinde weiter predigen. Man stelle sich die Folgen vor, würde ein Imam die Existenz Mohammeds bezweifeln."

htz ("Die Presse", Print-Ausgabe, 19.03.2015)

http://diepresse.com/home/panorama/religion/4688671/Pfarrer_Jesus-Christus-gab-es-nicht

Jesus von Nazaret gilt heute auch selbst vielen Atheisten als historisch belegte Person. Hermann Detering, promovierter Theologe und Pfarrer im Ruhestand, hingegen ist nicht dieser Auffassung. In seinem neuen Buch „Falsche Zeugen. Außerchristliche Jesus zeugnisse auf dem Prüfstand" zeigt er, dass auf die als Belege für die Existenz Jesu herangezogenen antiken Quellen kein Verlass ist.

Sehr geehrter Herr Detering, hat Jesus wirklich gelebt? Die meisten Theologen halten die historische Existenz von Jesus von Nazaret durch biblische wie außerbiblische Zeugnisse hinreichend belegt. Sie sind anderer Meinung?

Man sollte sich durch so viel Einmütigkeit nicht einschüchtern lassen. Für mich galt und gilt immer der Satz Bertrand Russells, dass dort besondere Vorsicht angebracht ist, wo sich alle Experten einig sind.

Die biblischen Berichte scheiden als Zeugen für die historische Existenz Jesu schon deswegen aus, weil es sich dabei nicht um Geschichtsschreibung, sondern um Glaubenszeugnisse handelt. Hinzu kommt, dass es sehr schwierig ist, sie zeitlich einzuordnen und die darin enthaltenen Verfasserangaben in der Regel nicht stimmen. Die Mehrheit der Theologen räumt heute ein, dass die jeweiligen Evangelien nicht von den in der Überschrift

genannten Verfassern stammen. Einige Evangelien werden erstmals am Anfang des zweiten Jahrhunderts bezeugt – allerdings von „Zeugen", die ihrerseits im Verdacht stehen, gefälscht zu sein.
Was Paulus betrifft, so kann der schon deswegen nicht als Zeuge eines historischen Jesus gelten, weil er gar nicht über ihn, sondern über den Hauptdarsteller eines mythologischen Dramas schreibt. Einige ganz wenige scheinbare Stellen der Bestätigung, z.B. Jesus sei Davidssohn oder aus einer Frau geboren, sind vermutlich spätere Einschübe aus einer Zeit, in der man begann, daran Anstoß zu nehmen. Jedenfalls existierten Texte, in denen diese Angaben noch fehlen.

Bleiben also nur die außerchristlichen Jesuszeugnisse. Wie umfangreich sind diese Quellen?

Alles in allem sind es sechs Kronzeugen, die von Theologen zur Begründung ihrer Behauptung, Jesus sei außerchristlich bezeugt, aufgeführt werden: der jüdische Historiker Josephus, die römischen Historiker und Schriftsteller Tacitus, Plinius und Sueton. Dazu kommt noch der angeblich Brief eines Vaters an seinen Sohn und ein weiteres Zeugnis, das wir nur aus dritter Hand besitzen. Die zentralen Aussagen dieser angeblichen „Zeugen" über Jesus ließen sich leicht auf einer Postkarte unterbringen.

Im Buch versuche ich zu zeigen, dass der Wert der außerchristlichen Zeugnisse in der Vergangenheit maßlos überschätzt wurde. Man sah darin unabhängige Quellen. In Wahrheit wurden sie christlich überarbeitet – was angesichts der antiken und mittelalterlichen Methode der handschriftlichen Überlieferung nicht weiter verwundert. Für einen christlichen Kopisten war es ein Leichtes, den vorliegenden Text in seinem Sinne zu verbessern und zu „ergänzen".

Gibt es neues Quellenmaterial zur Frage der Historizität Jesu? Die These, Jesu habe nicht gelebt, ist ja schon älter.

Es sind zwar neue Quellen entdeckt und veröffentlicht worden – man denke an das erst vor kurzem veröffentlichte Judasevangelium oder die nach 1945 entdeckten Handschriften in Qumran und Nag Hammadi –

allerdings haben diese im Hinblick auf die Frage der Historizität Jesu wenig neue Erkenntnisse gebracht. Auffallend ist nur, dass Jesus in den Qumranschriften gar nicht vorkommt, während er in der gnostischen Literatur von Nag Hammadi vorwiegend als mythologische Gestalt auftritt.

Die Frage nach der Historizität Jesu ist in der Tat nicht neu und wurde schon vor dem Zweiten Weltkrieg in Deutschland diskutiert. Danach waren die Theologen sehr bedacht darauf, wieder zur Tagesordnung zurückkzukehren und erklärten die Frage von sich aus für erledigt. Allerdings kann es sich in der Wissenschaft manchmal als sinnvoll erweisen, einen scheinbar abgeschlossen Fall noch einmal neu aufzurollen. Das gilt zumal dann, wenn der Verdacht besteht, dass bei der Bearbeitung des Falles eine gewisse Parteilichkeit im Spiel gewesen sein dürfte. Hinzu kommt, dass die Methoden zur Untersuchung alter Texte, die in dieser Angelegenheit eine wichtige Rolle spielen, sich in der Zwischenzeit verbessert und verfeinert haben. Heute gibt es eine Reihe von Datenbanken, mit deren Hilfe es möglich ist, die Verwendung von einzelnen Wörtern oder Lieblingswörtern bestimmter Autoren in Sekundenschnelle festzustellen und zeitlich einzuordnen. Wozu das gut sein kann, will ich an einem simplen Beispiel erläutern.

Nehmen wir an, wir würden in einer Lutherhandschrift den Satz finden, Jesus habe die „Kids“ gesegnet. Da würde sicherlich jeder fragen, wie es wohl mit der Echtheit dieser Handschrift bestellt sein mag. In den sogenannten außerchristlichen Zeugnissen finden sich oftmals Wörter und Ausdrücke, die nicht aus der Zeit stammen können, in der die Verfasser lebten, sondern aus einer späteren Epoche. Das zeigt, dass die originalen Texte der Verfasser offenbar christlich „überarbeitet“ wurden.

Betrachten wir exemplarisch einige dieser Zeugen. Flavius Josephus spricht von einem „weisen Mann“ Jesus. Ist das kein Beleg?

Um als historisch zuverlässig zu gelten, müsste das Zeugnis des Josephus, das auch als „Testimonium Flavianum“ bezeichnet wird, einen Niederschlag in der frühen christlichen oder nichtchristlichen Literatur hinterlassen haben. Das ist jedoch nicht der Fall. Ob Justin, Hippolyt, Irenäus, Tertullian, Origenes usw. – sie alle schweigen. Dabei hätten diese frühen christlichen Schriftsteller allen Grund gehabt, sich darauf zu berufen. Immerhin hätten sie mit dem Hinweis auf den „weisen Mann" Jesus Verleumdungen und Verdächtigungen, denen sie vonseiten der Juden ausgesetzt waren, ausräumen können. Der Kirchenhistoriker Eusebius ist der erste, der das Zeugnis des Josephus zitiert. Merkwürdigerweise ähnelt das „Testimonium Flavianum", wie ich in dem Buch zeige, in Wortwahl und Ausdrucksweise seinem eigenen Sprachstil. Merkwürdig, oder? Sicher kein Zufall.

Und was ist mit dem „Chrestus" des Sueton?

In seinen berühmten Kaiserbiographien berichtet der römische Historiker Sueton von einem Mann namens Chrestos, der unter Kaiser Claudius die Juden in Rom zum Aufruhr angestachelt haben soll. Darauf habe Claudius die Juden aus Rom vertrieben. Man fragt sich, wie Theologen in dieser Passage überhaupt ein Jesuszeugnis haben erblicken können. Denn erstens heißt der Mann Chrestos und nicht Christus, und zum andern hat er in der Regierungszeit des Claudius gelebt (41-54 u.Z.). Jesus ist aber bereits unter Tiberius (14-37 u.Z.) gestorben. Man muss schon sehr phantasievoll mit den Quellen umgehen und eine Reihe von Missverständnissen voraussetzen, um zu dem von vielen Theologen gewünschten Ergebnis zu gelangen. Dabei ist alles viel einfacher, wenn man Chrestos Chrestos sein lässt. Chrestos war übrigens ein verbreiteter Sklavenname.

Ist die berühmte Christenverfolgung unter Kaiser Nero, die uns Hollywood so eindrücklich vor Augen führt, nicht ein Hinweis auf ein frühes Christentum, und somit wenigstens indirekt auf Jesus?

Auch an dieser Stelle herrscht bei den frühchristlichen Zeugen wiedereinmal tiefes Schweigen. Der von dem römischen Historiker Tacitus behauptete Zusammenhang von Rombrand und Christenverfolgung ist ihnen unbekannt. Es ist kaum anzunehmen, dass die christlichen Apologeten diesen schweren Vorwurf auf sich und ihren Glaubensbrüdern hätten sitzen lassen – wenn sie davon gewusst hätten. Dass die Christen wegen ihrer angeblichen Brandstiftung von Kaiser Nero verfolgt worden sein sollen, wird erst im 4. bis 5. Jahrhundert von dem Verfasser der gefälschten Korrespondenz zwischen Paulus und Seneca und von dem Kirchenhistoriker Sulpicius Severus behauptet. Auch hier ähnelt die Passage bei Tacitus der Stelle

bei Sulpicius Severus sehr stark in Wortwahl und Ausdruck. Vermutlich hat ein späterer Christ die Tacitusausgabe mit einem Auszug aus dem Werk des Sulpicius „ergänzt".

Heute gibt es eine zunehmende Zahl von Historikern, die daran zweifelt, ob die Behauptung, Kaiser Nero habe Rom angezündet, überhaupt zutrifft. Warum hätte der kunstbeflissene Kaiser in Kauf nehmen sollen, dass sein Palast mit den kostbaren Kunstschätzen verbrannte? Zumindest hätte er seine Kunstschätze vorher in Sicherheit gebracht.

Was ist der erste zuverlässige Beleg, wenn schon nicht für Jesus, dann wenigstens für das frühe Christentum?

Die ersten Zeugnisse kommen aus der Mitte bzw. der zweiten Hälfte des 2. Jahrhunderts. Kaiser Marc Aurel ist sicher ein vertrauenswürdiger Zeuge. Ebenso Lukian, der in seinem „Leben des Peregrinus Proteus" auf humorvolle Weise einen Scharlatan porträtiert, der in den frühen christlichen Gemeinden eine führende Rolle spielte.

Worin unterscheidet sich die These, Jesus habe nicht gelebt, von der in der Frühaufklärung oft vertretenen „Priesterbetrugshypothese"?

Der Vorwurf des Priesterbetrugs setzt voraus, dass Menschen von Priestern bzw. Theologen wissentlich hinters Licht geführt wurden. Der Mensch Jesus von Nazaret ist nicht das Ergebnis eines wissentlichen Betrugs, sondern einer längeren, sehr komplizierten historischen Entwicklung, an deren Ende niemand mehr genau wusste, was am Anfang wirklich passiert war.

Richtig ist allerdings, dass die Kirche einen „geschichtlichen" Jesus besser gebrauchen konnte als ein metaphysisches Himmelswesen. Mit Letzterem hätte sich beispielsweise die kirchliche Ämternachfolge, die auf Handauflegung beruhte, nur schlecht begründen lassen. Außerdem hatte die Kirche darauf zu reagieren, dass für die Mehrheit der Gläubigen nur das wirklich ist, was historisch ist. Das ist ja bis heute so. Leider.

Wie, wo und wann kann das Christentum, wenn es nicht auf einen Jesus von Nazaret zurückzuführen ist, sonst entstanden sein?

Nachdem auch das eine Weile bestritten wurde, weiß man heute wieder, dass die Verehrung sterbender und auferstehender Gottheiten in der

Antike sehr verbreitet war. Die Mythen eines Attis, Adonis, Dionysus, Herakles weisen — trotz unterschiedlicher Einzelheiten – im Kern das gleiche Grundmuster auf wie die Überlieferung über Tod und Auferstehung Jesu. Klage- und Auferstehungsfeiern für Adonis, Attis und andere Kultgottheiten waren über den ganzen Mittelmeerraum verbreitet und fanden teilweise zu derselben Zeit statt wie Karwoche und Ostern.

Das Christentum hat den Grundgedanken des sterbenden und auferstehenden Mysteriengottes mit dem des auf die Erde kommenden und wieder zum Himmel fahrenden gnostischen Erlösers kombiniert und daraus einen ganz selbstständigen, eindrucksvollen Mythos geschaffen. Der war ursprünglich noch ohne zeitliche Fixierung. Erst gegen Mitte des 2. Jahrhundert entstanden daraus die heutigen Evangelien. Darin wird Jesus als geschichtliche Person unter Pontius Pilatus dargestellt. Zugleich wurden dabei die kirchlichen Auseinandersetzungen des 2. Jahrhunderts in die vermeintlichen Anfänge im ersten Jahrhundert zurückprojiziert. Die Weichen für diese ganze Entwicklung wurden in Rom gestellt.

Wenn Jesus nie existiert hat, sondern eine Erfindung von Menschen ist, eine Art ins Religiöse gewendeter „Harry Potter“, was bleibt dann vom christlichen Glauben übrig, von der Autorität der Kirchen?

Die Wahrheit des Glaubens sollte sich nicht über die Geschichte definieren. Das Gleichnis vom „Verlorenen Sohn“ verliert nicht an Wert, wenn ich weiß, dass Vater und Sohn fiktive Gestalten sind. Und umgekehrt wird das Gleichnis für mich nicht dadurch wichtiger, dass ich Namen und Adresse der auftretenden Personen kenne. Ob es einen historischen Jesus gegeben hat, der am Kreuz gestorben ist, ist in religiöser Hinsicht irrelevant… sollte es jedenfalls sein für jemanden, der für die Sprache der Zeichen und Symbole empfänglich ist. Entscheidend ist, welche Bedeutung das Kreuz für mich und mein Gottesbild hat. Wir müssen wieder zurück zu einer poetischen Betrachtungsweise der Bibel. Die ersten Evangelien wurden als Gleichnisse und nicht als Geschichte verfasst.

Fürchten Sie nicht, Probleme mit Ihrer Kirche zu bekommen?

Wovor sollte ich mich fürchten? Da sich meine Kollegen nach eigenem Selbstverständnis als „Wahrheitswissenschaftler" betrachten, werden sie gerne mit mir um die geschichtliche Wahrheit streiten wollen. Ich freue mich auf jede offene und sachliche Auseinandersetzung.

Die Fragen stellte Martin Bauer.

Hermann Detering: Falsche Zeugen. Außerchristliche Jesuszeugnisse auf dem Prüfstand. Aschaffenburg: Alibri 2011. 243 Seiten, kartoniert, Euro 19.-, ISBN 978-3-86569-070-8

https://hpd.de/node/12044/seite/0/1

Um nicht jetzt schon in eine tiefe Depression, Traurigkeit und schiere Aussichtslosigkeit zu verfallen, nachstehend wie angedeutet einige Gedichte und eine kleine Kurzgeschichte um das betrübte Gemüt vielleicht etwas zu erheitern und wieder aufzuhellen.

So kann man denn seinen Geist wieder etwas sammeln, die empörenden und grotesken Äußerungen und Ergebnisse über die Theologie samt ihren Forschungsergebnissen etwas gelassener und mit einem Schmunzeln sehen und die Erfahrung machen, das es auch noch etwas einfaches und wenig kompliziertes zu lesen gibt.

WALDESRUH

" Ich geh` hinein in die Natur; der Wald empfängt mich
Die klare, reine Luft, nach Laub, nach Bäumen duftend.
Nicht Blumen noch Bäume erblühen
des Winters Schergen zogen an Ihnen vorbei.

So geh` ich dann hinein in die Natur; will für eine kleine
Zeit all` den Lug und Trug der Welt vergessen, vergessen
die Kümmernisse und Ärgernisse des Lebens.
Vergessen hier den Neid und die Gier des Menschen.

Hier im Wald bleibt mein Geist unberührt.
Die Ruhe hier, sie vermag die Erinnerung an das Leben
zu *verdrängen, für eine kleine Weile.*
Ich mag eine Zeit verbleiben, will die Ruhe spüren,

Möge erfassen die Harmonie des Waldes, erblicke und spüren
die Eintracht der Natur, Ihre Majestät, Ihre Stille und Reinheit.

So nehm` ich die Stille in mich auf, wie das Rehlein dort das
klare Wasser. Will allein sein mit der Natur; sie gibt das, was
der Mensch nicht vermag, dem Menschen zugeben:
Frieden und Wahrheit"

Die Nacht

" Still ist die Nacht, Dunkelheit und Ruhe herrscht.
Schlaf erquickt den Körper, den Geist.

Wohlan, Kraft schöpfen für die Hast und Eile des
nahenden Tages, wenn die Dunkelheit dem Sonnenlicht
die Wacht übergibt. Kraft, wenn die Ruhe der Nacht zur
Ruhe geht um der Tage Hast zu weichen.

Noch schläft alles.Der Baum, das Tier, der Mensch, die
Natur.
Dunkelheit des Himmels, Glitzern der Sterne gleichwie der
Diamant, durch die Weiten der Mutter Universum.

Nicht mehr für lange wacht die Ruhe.
Dann kommt der Tag aufs
neue, die Eile.

Still ist die Nacht, still und ruhig."

Wunschtraum

" Oh Liebe, wie weit bist du entfernt ?
Oh Liebe, die Strahlen deiner Wärme erfassen mich nicht.

Verschlossen das Herz, Verborgen die Seele.
Der Mund schweigt, das Auge weint. Die Himmel sind grau.
Leer das Leben.

Wo bist du, Liebe?
Wann erfüllst du mich mit deiner Behutsamkeit, um die Härte des Lebens zu mildern ?

Wann, oh Liebe, ereilt mich dein Lachen?
Wann redet mein Mund wieder Worte ?

Wann kommst du, oh Liebe ? "

Menschenweg

" Woher kommst du, Mensch ?
Wohin gehst du, Mensch ?
Was ist dein Ziel, Mensch ?

Trübnis oder Glück ?

Ehre und Hoffnung ?
Erfüllung und Liebe ?
Ist das dein Ziel ?

Zurück in das Dunkel der All-weiten, Mensch
Die Angst vor dem Gevatter erfüllt dein Leben.

Der Tod ist`s, der dich auf dem Weg begleitet.
Er wartet geduldig auf seine Stund`.

Bald, bald Mensch schlägts Stündlein.

Erfülle deinen Zweck, Mensch".

Lebenskraft

" Oh Glück und Liebe, Oh Hoffnung und Friede.
Dein süßes Netz fängt meine Seele, läßt sie erblühen in Pracht und Herrlichkeit, wie die Sonne die Pflanze.

Neuen Mutes beginn ich mein Werk;
du gibst mir die Kraft dazu.

Licht, in tausend Farben scheinend überflutet mich.

Erfüllte Sehnsucht, Friede und Wahrheit.

Ruhe".

Die Suche

" Das Glück ist nicht bei mir.
Wo ist es ?

Trauer erfüllt meine Seele, meinen Geist.
Kann kaum denken.
Wo ist das Glück ?

Die Sehnsucht erfasst den Gedanken.
Lässt mich nicht ruhen. Muss suchen.
Immer weiter suchen. Wo suchen ?
Werd` ich´s finden ?

Es zerreißt mich, möchte weinen, schreien.
Doch wer soll es hören ?
Meine Worte verweht der Wind.
Sie gelangen nicht zum Glück.

Das Glück ist grausam, hart.
Es hat sich abgewandt von mir.
Wo ist es ?

Werd´ müde vom Leben, vom Suchen.
Habe keine Kraft mehr.
Wo bist du Glück ?

Dunkel das Leben. Einsam der Mensch, der Ort.
Kein Lachen, keine Freude, kein Glück.
Aus. Alles aus".

Mutterglück

" Mutterhände ruhen nie, schaffen ewig.
Die Mutter ist die Statthalterin der Liebe,
die Bewahrerin der Geborgenheit,
Sie gibt dir Frieden, Sie weiß was du brauchst.

Sie behütet uns, beschützt uns vor der kalten Welt,
hilft uns in der Not, nimmt uns die Sorgen.

Ängstliche Kinderaugen schauen der Mutter in Ihr
göttliches Antlitz. Es gibt keine Tränen mehr.

Sie ist die leibhaftige Liebe, Wärme erfüllt das
Herz.
gestreichelt wirst du von Ihr zu den Träumen.

Und wenn ich Sie dann einst im Totenbett vor mir
sehe, ein Teil von mir ist dann auch nicht mehr.

Ehre die Mutter, Sie hat es mehr als verdient. "

Auf der Straße

Es war warm. Eigentlich war es für die Jahreszeit zu warm, denn der Herbst der schon sehr früh in diesem Jahr Einzug gehalten hatte, verbannte den Sommer schon vor Wochen zur Ruhe, Und doch, es war warm.

Er ging. Er ging die Straße entlang. Wie lange er schon Straßen entlang ging wußte er nicht mehr zu sagen. Jedenfalls sehr, sehr lange. Das wußte er. Seine Schritte waren klein, nicht hastig aber zielstrebig, nicht zögernd, gradlinig. Er kam gut voran mit seinen Schritten. Doch manchmal hatte er sich gewünscht weniger gut in seinem Leben voranzukommen. 72 Jahre war er nun alt. Oh ja, 72.

Er hatte schon viel in seinem Leben gesehen und natürlich auch erlebt.

Der kleine, schäbige abgewetzte Rucksack, der schon bessere Zeiten gesehen hatte, schlug sachte im Takt seiner zielstrebigen Schritte gegen seinen geraden Rücken. Jedem anderen hätte dieses schlagen aus dem Takt, aus dem Rhytmus gebracht: Er nahm es schon lange nicht mehr zur Kenntnis. Schon ewig nicht mehr. Zu seiner Rechten erhob sich die Wand des Waldes. Die zum größten Teil schon herbstlich verfärbten Bäume reckten ihre Äste gen Himmel. Es sah so aus, als wollten sie den Sommer zurückholen. Sah er nach Links, so schweifte sein Blick, der immer noch sehr klar war, über Felder und Wiesen. Es duftete nach Gras, nach Wald, nach Kindheit.

Ganz in der Ferne erspähten seine wachen Augen die dunkle Spitze eines Kirchturmes. Das Dorf.

Er sah zum Himmel. Vereinzelt schoben sich Wolken vor die strahlende Sonne, die fast im Zenit stand.

Noch gut eine halbe Stunde dachte er, dann bin ich im Dorf. Seine Lippen zuckten leicht. Doch die Schritte blieben zielstrebig. Er wurde nicht schneller, Er hatte ja Zeit, viel Zeit sogar.

Sein Blick ging wieder zurück zur Straße. Wie ein aufgemalter Strich zog sie sich gerade durch die Landschaft. Nur ganz gute

Augen sahen weit, weit vorn wie die Straße eine leichte Biegung zum Dorf nahm. Er hatte ja gute Augen.

Plötzlich aber stockten seine zielstrebigen Schritte. Er hielt inne und ging zum Straßenrand, stieg ein Stück Böschung herab und ließ sich ins frische trockene Gras sinken.

Aus seiner großen Jackentasche holte er eine kleine gebogenen Pfeife hervor. Schon sein Vater und auch der Großvater davor hatten diese Pfeife schon benutzt. Sie hatte schon viel gesehen.
So wie er.

Der Tabak den er in die Pfeife stopfte war pechschwarz und brannte auf der Zunge. Er nahm das nicht mehr wahr. Es war ihm egal. Er hatte sich daran gewöhnt. Dennoch saugen seine blassen Lippen genießerisch an dem abgenutzten Mundstück der alten Pfeife. Sein weiß behaartes Haupt sank auf den Grasteppich. Er streckte die dünnen, aber dennoch kräftigen Beine aus. Es tat ihm gut, so zu liegen. In regelmäßigen Abständen blies er dichten, grau-weißen Rauch in den warmen Herbsthimmel. Als kleiner Junge hatte er schon Pfeife geraucht. Heimlich. Natürlich.

Abends, wenn er vom Spielen und Herumtollen nach Hause kam, verzog Vater oft das Gesicht. Er roch es wohl. Doch gesagt hatte er nie etwas. Er hatte eigentlich nie viel gesagt. Ihm, Vater, war stets in Erinnerung geblieben, das er selber einmal Kind war. Das hatte er ihm einmal gesagt.

So war dann auch seine Erziehung verlaufen. Obwohl Vater im Leben ein gestrenger Ratsherr war. zu ihm war er nie streng gewesen. Anders Mutter. Ihr dichter Haarknoten verlieh ihrem scharf geschnittenen Gesicht einen noch härteren Gesichtsausdruck. Meist erzog sie ihn, Vater mußte ja viel und hart arbeiten. Und doch hatte er sie beide sehr lieb gehabt. Jeden auf eine andere Art. Seine Jugend verlief alles in allem ereignislos. So wie die Kindheit und Jugend anderer auch.

Die Schulzeit war hart aber dennoch auch schön. Er war ein mäßiger Schüler. Am liebsten schrieb er Naturaufsätze. Nach der Schule ging er in die Lehre zu Kaufmann Schulte, ein alter

Bekannter seiner Eltern. Vater wollte das er einen soliden Beruf erlernte. Kaufmann war zu seiner Zeit ein sehr solider Beruf. Die Lehrzeit bei Kaufmann Schulte, der eine kleine Eisenwarenhandlung betrieb, die schon sein Vater und der Großvater betrieben hatten, war ebenso hart wie die Schulzeit. Wenn er des Abends müde von der Arbeit nach Haus kam, das eine andere Müdigkeit war als die vom Spielen, wurde rasch etwas gegessen. dann ging er zu Bett.

"Lehrjahre , mein Sohn, sind noch nie Herrenjahre gewesen ". Vater sagte dies immer mehr zum Trost denn zur Ermahnung.

Die Lehrjahre brachte er gut hinter sich. Die Abschlussprüfung bestand er sogar mit einer sehr guten Note. Vater blickte mit stolzen Augen auf ihn. Mutter weniger. Für Sie war es ein lästiges Muß. Er blieb noch eine Zeitlang in Schultes Geschäft, als dessen Vertreter wenn dieser, was des öfteren vorkam, auf Geschäftsreise ging. So lief alles eine Weile. So wie Er bisher über die Straßen gelaufen war. Geschwister hatte er keine. In dem kleinen Haus der Eltern war es auch so oft genug laut. Vater spielte sehr gerne Klavier. Immer wenn Großvater zu Besuch war spielten sie häufig gemeinsam. Der Großvater verbrachte viel Zeit in dem kleinen Haus, seit Großmutter tot war.

Er fühlte sich oft allein und hin und wieder rollte eine Träne seiner Wange herab. Dann, als auch der Großvater heim ging, wurde es doch ruhiger in dem kleinen Haus das mit seinem kleinen Garten an eine große, breite Straße grenzte... Die Straße. Seine Gedanken kehrten zurück in die Realität.

Längst war die kleine gebogene Pfeife erkaltet. Er klopfte die erkaltete Asche mit der hohlen Hand aus und verstaute die Pfeife wieder in seiner großen Jackentasche. Dann stand er auf.

Tief atmete Er die klare frische Luft ein. Etwas umständlich ging er wieder die Böschung hinauf zur Straße. Nun doch mit etwas zittrigen Schritten begann er seinen Weg fortzusetzen. Das Alter machte sich doch hin und wieder bemerkbar. Es forderte seinen Tribut. Er wußte das. Wie alles im Leben.

Langsam kam das Dorf näher. Er beschleunigte etwas seine Schritte. Nun wurden sie doch hastig.

Schließlich nach einer Weile sah er es. Das Haus, der Garten. Die ersten Tränen begannen zu laufen, bald so stark, das sich kleine dunkle Punkte auf dem grauen Asphalt bildeten.

Er war wieder zu Hause. Die vielen endlosen Straßen hatten ihn wieder nach Hause geführt.

Kapitel 2

Wissenschaft und ihre Systematik
oder
Kulturprodukte der Verblödung par excellence

Wenn schon die Verblödung in der Gesellschaft und ihre hochkomplexe, wenngleich naive Form der Kultur, es sich bequem gemacht hat, so ist es umso erschreckender das in den Wissenschaften eine zunehmende Abstumpfung zu beobachten ist.

Wie im theologisch-akademischen Exkurs festgehalten werden konnte deuten höchstens, mit einer großzügigen Portion Kulanz versehen, ganz zarte und fragile Hinweischen auf einen Religionsgründer namens Jesus.

Wie alle Religionen, die ja nur Urängste des Menschen kompensieren wollen, sich in illusionären Idealisierungen verlieren und jeglichen Realitätsbezug verloren haben so überträgt sich dieses paradoxe und irrationale Verhalten selbstverständlich auch auf die Kultur; jenes Topgebilde der menschlichen Entwicklung und Zivilisation, die Vollendung und damit einhergehende Verblödung der menschlichen Lebensgestaltung darstellen soll.

Historisch gesehen befinden wir uns in bester Gesellschaft. Alle hochkomplexen Kulturen, für mich angefangen bei den Germanen, Römern, Ägyptern, Sumerer bis hin zu Azteken, Mayas und Inkas erstrahlten im hellen Scheine der kometenhaft aufgestiegenen

Kulturen um dann wie eine Sternschnuppe am kulturellen Himmelsfirmament zu verglühen. Die einen eher, die anderen später! Warum? Weil Faulheit, Trägheit und Egoismus sie schließlich zu Fall brachten. Weil ihre psychotisch anmutenden fantastischen Visionen sie kollabieren ließen und ihre neurotischen Auswüchse ihren Geist völlig in die Verstumpfung trieb. Weit hergeholt? Nein! Warum? Weil sich analoges heute in unseren Kulturen, und hier speziell den westlichen, wiederholt.
Zunehmende Globalisierung, Digitalisierung, Technisierung und wahnwitzige Industrialisierung, ein Bildungssystem das auf dem Niveau einer Förderschule basiert, tun ihr übriges. Scheinbar ökologische Politiker die meinen, einmal wöchentlich ein Smoothie zu trinken reiche aus um gesund zu bleiben und im gleichen Atemzug verkünden, der Dieselmotor sei an allem Schuld. Genau die selben, die erst die Kuhmägen für den rasanten Anstieg der Methanwerte verantwortlich machten, um dann festzustellen, das dafür riesige Methanfelder am Nordpol verantwortlich sind.
Politiker (und die Gesellschaft) die vor vierzig Jahren nach mehr Pflegekräften und einer damit einhergenden besseren Bezahlung riefen, tun das selbe noch heute. Ist das etwa nicht Verblödung? Ist es Verblödung oder brutales soziales Kalkül, das Menschen in Pflegeheimen teils unter unmenschlichen Bedingungen eine sogenannte *Pflege* erfahren ?

Wie geistig abgestumpft muß ein System sein, das seinen schwächsten Gliedern u.U. 4000,--Euro monatlich abknöpft, um vier mal täglich eine Pampers gewechselt zu bekommen und drei mal täglich eine Mahlzeit auf Pommes-frites-Buden Niveau serviert zu bekommen ?

Wie verblödet ist eine Kultur, die sog. Heilkundigen Unsummen von Geld in ihren nimmersatten Schlund scheffelt, Heilkundigen, die noch nichtmals erklären können, warum eben jemand Schweißfüße hat und der andere nicht? Allenfalls handelt es sich um eine Medizin, die schon längst vor den Erfordernissen der Natur kapituliert hat und sich lieber nach guter alter Schrotthändler-manier alter Ersatzteile bedient, hier Transplantationen, statt mal den eigenen Grips zu fordern? Aber dies ist natürlich viel lukrativer und weniger anstrengend, da das verblödete Gesundheitssystem ja zahlen wird!!

Aber hier mache ist erst einmal eine kleine Cäsur um dem Leser weitere wissenschaftliche Verblödungen zu präsentieren, die ihresgleichen suchen.

Beginnen möchte ich mit einem *auszugsweisen Kapitel* aus meinem Buch ***Tödliche Natur oder Die Illusion vom bösen Serienmörder.*** Hier geht es um die hypothetischen Ursachen des Phänomen Serienmord unter spezieller Berücksichtigung hierzu getätigter wissenschaftlicher Stellungnahmen und Theorien.

Was dann aber bei diesen Statements an Quintessenz übrig bleibt, ist unglaublich.

Hirnforschung im 21. Jahrhundert:
Das Manifest
Elf führende Neurowissenschaftler über Gegenwart und Zukunft der Hirnforschung

Prof. Dr. Christian E. Elger, Prof. Dr. Angela D. Friederici, Prof. Dr. Christof Koch, Prof. Dr. Heiko Luhmann, Prof. Dr. Christoph von der Malsburg, Prof. Dr. Randolf Menzel, Prof. Dr. Hannah Monyer, Prof. Dr. Frank Rösler, Prof. Dr. Dr. Gerhard Roth, Prof. Dr. Henning Scheich und Prof. Dr. Wolf Singer
Was wissen und können Hirnforscher heute?

Angesichts des enormen Aufschwungs der Hirnforschung in den vergangenen Jahren entsteht manchmal der Eindruck, unsere Wissenschaft stünde kurz davor, dem Gehirn seine letzten Geheimnisse zu entreißen. Doch hier gilt es zu unterscheiden: Grundsätzlich setzt die neurobiologische Untersuchung des Gehirns auf drei verschiedenen Ebenen an. Die oberste erklärt die Funktion größerer Hirnareale, beispielsweise spezielle Aufgaben verschiedener Gebiete der Großhirnrinde, der Amygdala oder der Basalganglien. Die mittlere Ebene beschreibt das Geschehen innerhalb von Verbänden von hunderten oder tausenden Zellen. Und die unterste Ebene umfasst die Vorgänge auf dem Niveau einzelner Zellen und Moleküle. Bedeutende Fortschritte bei der Erforschung des Gehirns haben wir bislang nur auf der obersten und der untersten Ebene erzielen können, nicht aber auf der mittleren.
Verschiedene Methoden ermöglichen einen Einblick in die oberste Organisationsebene des Gehirns: Bildgebende Verfahren wie die Positronenemissionstomografie (PET) und die funktionelle Magnetresonanztomografie (fMRT), die den Energiebedarf von Hirnregionen messen, besitzen eine gute räumliche Auflösung, bis in den Millimeterbereich. Zeitlich gesehen hinken sie den Vorgängen allerdings mindestens um

Sekunden hinterher. Die klassische Elektroenzephalografie (EEG) dagegen misst die elektrische Aktivität von Nervenzellverbänden quasi in Echtzeit, gibt aber nicht genau Aufschluss über den Ort des Geschehens. Etwas besser – etwa im Zentimeterbereich – liegt die räumliche Auflösung bei der neueren Magnetenzephalografie (MEG), mit der sich die Änderung von Magnetfeldern um elektrisch aktive Neuronenverbände millisekundengenau sichtbar machen lässt. Insbesondere durch die Kombination mehrerer dieser Technologien können wir das Zusammenspiel verschiedener Hirnareale darstellen, das uns kognitive Funktionen wie Sprachverstehen, Bilder erkennen, Tonwahrnehmung, Musikverarbeitung, Handlungsplanung, Gedächtnisprozesse sowie das Erleben von Emotionen ermöglicht. Damit haben wir eine thematische Aufteilung der obersten Organisationsebene des Gehirns nach Funktionskomplexen gewonnen.Auch hinsichtlich der untersten neuronalen Organisationsebene hat die Entwicklung völlig neuartiger Methoden wie etwa der Patch-clamp-Technik, der Fluoreszenzmikroskopie oder des Xenopus-Oocyten-Expressionssystems zu einem Erkenntnissprung geführt. Inzwischen wissen wir sehr viel mehr über die Ausstattung der Nervenzellmembran mit Rezeptoren und Ionenkanälen sowie über deren Arbeitsweise, die Funktion von Neurotransmittern, Neuropeptiden und Neurohormonen, den Ablauf intrazellulärer Signalprozesse oder die Entstehung und Fortleitung neuronaler Erregung. Selbst was in einem einzelnen Neuron passiert, können wir mit hoher räumlicher und zeitlicher Auflösung analysieren sowie in Computermodellen simulieren. Dies ist von großer Bedeutung für das Grund legende Verständnis der Arbeitsweise von Sinnesorganen und Nervensystemen sowie für die gezielte Behandlung neurologischer und psychischer Erkrankungen. Zweifellos wissen wir also heute sehr viel mehr über das Gehirn als noch vor zehn Jahren. Zwischen dem Wissen über die obere und untere Organisationsebene des Gehirns klafft aber nach wie vor eine große Erkenntnislücke. Über die mittlere Ebene – also das Geschehen innerhalb kleinerer und größerer Zellverbände, das letztlich den Prozessen auf der obersten Ebene zu Grunde liegt – wissen wir noch erschreckend wenig. Auch darüber, mit welchen Codes einzelne oder wenige Nervenzellen untereinander kommunizieren (wahrscheinlich benutzen sie gleichzeitig mehrere solcher Codes), existieren allenfalls plausible Vermutungen. Völlig unbekannt ist zudem, was abläuft, wenn hundert Millionen oder gar einige Milliarden Nervenzellen miteinander"reden".

Nach welchen Regeln das Gehirn arbeitet; wie es die Welt so abbildet, dass unmittelbare Wahrnehmung und frühere Erfahrung miteinander verschmelzen; wie das innere Tun als "seine" Tätigkeit erlebt wird und wie es zukünftige Aktionen plant, all dies verstehen wir nach wie vor nicht einmal in Ansätzen. Mehr noch: Es ist überhaupt nicht klar, wie man dies mit den heutigen Mitteln erforschen könnte. In dieser Hinsicht befinden wir uns gewissermaßen noch auf dem Stand von Jägern undSammlern.

Die Beschreibung von Aktivitätszentren mit PET oder fMRI und die Zuordnung dieser Areale zu bestimmten Funktionen oder Tätigkeiten hilft hier kaum weiter. Denn dass sich all das im Gehirn an einer bestimmten Stelle abspielt, stellt noch keine Erklärung im eigentlichen Sinne dar. Denn »wie« das funktioniert, darüber sagen diese Methoden nichts, schließlich messen sie nur sehr indirekt, wo in Haufen von hundert Tausenden von Neuronen etwas mehr Energiebedarf besteht. Das ist in etwa so, als versuchte man die Funktionsweise eines Computers zu ergründen, indem man seinen Stromverbrauch misst, während er verschiedene Aufgaben abarbeitet. Vieles spricht dafür, dass neuronale Netzwerke als hochdynamische, nicht-lineare Systeme betrachtet werden müssen. Das bedeutet, sie gehorchen zwar mehr oder weniger einfachen Naturgesetzen, bringen aber aufgrund ihrer Komplexität völlig neue Eigenschaften hervor. Repräsentationen von Inhalten – seien es Wahrnehmungen oder motorische Programme – entsprechen hochkomplexen raumzeitlichen Aktivitätsmustern in diesen neuronalen Netzwerken. Um diesen Signalcode zu entschlüsseln, bedarf es wahrscheinlich paralleler Ableitetechniken, die eine gleichzeitige Messung an vielen Stellen des Gehirns erlauben.

Doch auch wenn viele Geheimnisse noch darauf warten gelüftet zu werden, hat die Hirnforschung bereits heute einige ganz erstaunliche Erkenntnisse gewonnen. Beispielsweise wissen wir im Wesentlichen, was das Gehirn gut leisten kann und wo es an seine Grenzen stößt. Mit am eindrucksvollsten ist seine enorme Adaptions- und Lernfähigkeit, die – und das ist wohl der überraschendste Punkt – zwar mit dem Alter abnimmt, aber bei weitem nicht so stark wie vermutet. Lange Zeit dachte man, die Hirnentwicklung sei irgendwann in der Jugend abgeschlossen und die neuronalen Netzwerke seien endgültig angelegt. Mittlerweile steht aber fest, dass sich auch im erwachsenen Gehirn zumindest im Kurzstreckenbereich – auf der Ebene einzelner Synapsen – noch neue Verschaltungen bilden können. Außerdem können für bestimmte Aufgaben zusätzliche Hirnregionen rekrutiert werden – etwa beim Erlernen von Fremdsprachen in fortgeschrittenem Alter. Dank dieser Plastizität kann Hans also durchaus noch lernen, was Hänschen nicht gelernt hat – auch wenn es mit den Jahren deutlich schwerer fällt. Die molekularen und zellulären Faktoren, die der Lern-Plastizität zu Grunde liegen, verstehen wir mittlerweile so gut, dass wir beurteilen können, welche Lernkonzepte – etwa für die Schule – am besten an die Funktionsweise des Gehirns angepasst sind.Vor allem aus Tierversuchen wissen wir seit einigen Jahren außerdem, dass sich selbst im erwachsenen Gehirn – zumindest an einigen Stellen – noch neue Nervenzellen bilden. Zum jetzigen Zeitpunkt verstehen wir noch nicht, wie sich bei dieser "Neurogenese" neue Nervenzellen in alte Verschaltungen einfügen und welche Funktion sie dann übernehmen. Die Frage, ob sich eine medikamentös induzierte Neurogenese für ursächliche Therapien von neurodegenerativen Erkrankungen einsetzen lässt, können wir daher im Moment noch nicht beantworten. Wir haben herausgefunden, dass im menschlichen Gehirn neuronale Prozesse und bewusst erlebte geistig-psychische Zustände aufs Engste miteinander zusammenhängen und unbewusste Prozesse bewussten in bestimmter Weise vorausgehen. Die Daten, die mit modernen bildgebenden Verfahren gewonnen wurden, weisen darauf hin, dass sämtliche innerpsychischen Prozesse mit neuronalen Vorgänge in bestimmten Hirnarealen einhergehen – zum Beispiel Imagination, Empathie, das Erleben von Empfindungen und das Treffen von Entscheidungen beziehungsweise die absichtsvolle Planung von Handlungen. Auch wenn wir die genauen Details noch nicht kennen, können wir davon ausgehen, dass all diese Prozesse grundsätzlich durch physikochemische Vorgänge beschreibbar sind. Diese näher zu erforschen, ist die Aufgabe der Hirnforschung in den kommenden Jahren und Jahrzehnten. Geist und Bewusstsein – wie einzigartig sie von uns auch empfunden werden – fügen sich also in das Naturgeschehen ein und übersteigen es nicht. Und: Geist und Bewusstsein sind nicht vom Himmel gefallen, sondern haben sich in der Evolution der Nervensysteme allmählich herausgebildet. Das ist vielleicht die wichtigste Erkenntnis der modernen Neurowissenschaften. Was wissen und können Hirnforscher in zehn Jahren? Was wir in zehn Jahren über den genaueren Zusammenhang von Gehirn und Geist wissen werden, hängt vor allem von der Entwicklung neuer Untersuchungsmethoden ab. Das "Wo" im Gehirn, über das uns heute die funktionelle Kernspintomographie Auskunft gibt, sagt uns noch nicht, "wie" kognitive Leistungen durch neuronale Mechanismen zu beschreiben sind. Für einen echten Fortschritt in diesem Bereich benötigen wir ein Verfahren, das die Registrierung beider Aspekte in einem ermöglicht. Wie entstehen Bewusstsein und Ich-Erleben, wie werden rationales und emotionales Handeln miteinander verknüpft, was hat es mit der Vorstellung des "freien Willens" auf sich? Die großen Fragen der Neurowissenschaften zu stellen ist heute schon erlaubt – dass sie sich bereits in den nächsten zehn Jahren beantworten lassen, ist allerdings eher unrealistisch. Selbst ob wir sie bis dahin auch nur sinnvoll angehen können, bleibt fraglich. Dazu müssten wir über die Funktionsweise des Gehirns noch wesentlich mehr wissen. Sehr wohl aber kann es der Hirnforschung innerhalb der nächsten Dekade gelingen, Erkenntnisse zu erarbeiten, die für Antworten auf diese übergeordneten Fragen entscheidend sein werden. So wollen wir herausfinden, wie Schaltkreise von Hunderten oder Tausenden Neuronen im Verbund des ganzen Gehirns Information codieren, bewerten, speichern und auslesen. Die mittlere Ebene – die Untersuchung der Arbeitsweise von kleineren Bereichen des Nervensystems, von Mikroschaltkreisen – gelangt also zunehmend in den Mittelpunkt der Forschung. Das bisher übliche Verfahren, solche Fragen an Gehirnschnitten zu untersuchen, gehört dann wahrscheinlich der Vergangenheit an, da es nur Momentaufnahmen in einem nicht mehr als Ganzen funktionierenden Schaltwerk darstellen kann. Stattdessen können wir in zehn Jahren wahrscheinlich die räumliche und zeitliche Verteilung von neuronaler Erregung bis auf die Ebene aller beteiligten Neurone in einem Mikroschaltkreis mit bildgebenden Verfahren hoher zeitlicher Auflösung im intakten Nervensystem erfassen. Multiple-Photonenmikroskopie, funktionelle Farbstoffe und molekulargenetische Methoden versetzen uns in die Lage, die Regeln des Informationsflusses innerhalb einzelner Neurone und im Verbund von Neuronen zu erkennen. Voraussetzung für all diese Experimente ist aber, dass die untersuchten Tiere – denn an diesen werden die Versuche vor allem stattfinden – nicht narkotisiert sind und aufgrund schmerzfreier Verfahren ihr natürliches Verhalten zeigen. Nur dann ist es möglich, die Hirnaktivität dieser Tiere beim aktiven Lösen von Aufgaben zu beobachten und dabei die wichtigste Funktion des Gehirns, seine Produktivität und Spontaneität, in Ganz wesentlich unterstützt wird das Verständnis der Arbeitsweise von Mikroschaltkreisen durch eine detailreiche Modellierung mit Hochleistungsrechnern. Diese Modellierung orientiert sich zukünftig allerdings weniger an den heutigen Konzepten der Informatik und künstlichen Intelligenz als vielmehr an den wirklichen physiologischen Vorgängen. Und zwar nicht nur an denen der unteren Ebene – einzelnen Neuronen mit ihren Ausstattungen an Kanälen und Rezeptoren, ihren wahren Gestalten und ihren plastischen Eigenschaften –, sondern vor allem auch an den neuronalen Prozessen der bisher noch so wenig verstandenen mittleren Ebene, wie sie beim Lernen, beim Erkennen und Planen von Handlungen vorkommen. So wird sich neben der experimentellen Neurobiologie die theoretische Neurobiologie als Forschungsdisziplin durchsetzen, die dann ähnlich wie die theoretische Physik innerhalb der Physik eine große Eigenständigkeit besitzt.

Am Ende der Bemühungen werden die Neurowissenschaften sozusagen das kleine Ein-Mal-Eins des Gehirns verstehen. Daraus lassen sich dann strenge Hypothesen zum Studium übergeordneter Hirnfunktionen ableiten: beispielsweise wie das Gehirn seine zahlreichen Subsysteme so koordiniert, dass kohärente Wahrnehmungen und koordinierte Aktionen entstehen können. Ohne diesen entscheidenden Zwischenschritt über die "mittlere" Organisationsebene bleiben die Aussagen über den Zusammenhang zwischen neuronal beobachtbarer Aktivität und kognitiven Leistungen weiterhin spekulativ. Vor allem was die konkreten Anwendungen angeht, stehen uns in den nächsten zehn Jahren enorme Fortschritte ins Haus. Wahrscheinlich

werden wir die wichtigsten molekularbiologischen und genetischen Grundlagen neurodegenerativer Erkrankungen wie Alzheimer oder Parkinson verstehen und diese Leiden schneller erkennen, vielleicht von vornherein verhindern oder zumindest wesentlich besser behandeln können. Ähnliches gilt für einige psychische Krankheiten wie Schizophrenie und Depression. In absehbarer Zeit wird eine neue Generation von Psychopharmaka entwickelt werden, die selektiv und damit hocheffektiv sowie nebenwirkungsarm in bestimmten Hirnregionen an definierten Nervenzellrezeptoren angreift. Dies könnte die Therapie psychischer Störungen revolutionieren – auch wenn von der Entwicklung zum anwendungsfähigen Medikament noch etliche weitere Jahre vergehen werden. Zudem werden Neuroprothesen wie intelligente Ersatzgliedmaßen oder das künstliche Ohr immer weiter perfektioniert. In zehn Jahren haben wir wahrscheinlich eine künstliche Netzhaut entwickelt, die nicht im Detail programmiert ist, sondern sich nach den Prinzipien des Nervensystems organisiert und lernt. Das wird unseren Blick auf das Sehen, auf die Wahrnehmung, vielleicht auf alle Organisationsprozesse im Gehirn tief greifend verändern. Ebenso werden uns die zu erwartenden weiteren Fortschritte in der Hirnforschung vermehrt in die Lage versetzen, psychische Auffälligkeiten und Fehlentwicklungen, aber auch Verhaltensdispositionen zumindest in ihrer Tendenz vorauszusehen – und "Gegenmaßnahmen" zu ergreifen. Solche Eingriffe in das Innenleben, in die Persönlichkeit des Menschen sind allerdings mit vielen ethischen Fragen verbunden, deren Diskussion in den kommenden Jahren intensiviert werden muss. Was werden Hirnforscher eines Tages wissen und können? In absehbarer Zeit, also in den nächsten 20 bis 30 Jahren, wird die Hirnforschung den Zusammenhang zwischen neuroelektrischen und neurochemischen Prozessen einerseits und perzeptiven, kognitiven, psychischen und motorischen Leistungen andererseits soweit erklären können, dass

Voraussagen über diese Zusammenhänge in beiden Richtungen mit einem hohen Wahrscheinlichkeitsgrad möglich sind. Dies bedeutet, dass man widerspruchsfrei Geist, Bewusstsein, Gefühle, Willensakte und Handlungsfreiheit als natürliche Vorgänge ansehen wird, denn sie beruhen auf biologischen Prozessen. Eine "vollständige" Erklärung der Arbeit des menschlichen Gehirns, das heißt eine durchgängige Entschlüsselung auf der zellulären oder gar molekularen Ebene, erreichen wir dabei dennoch nicht. Insbesondere wird eine vollständige Beschreibung des individuellen Gehirns und damit eine Vorhersage über das Verhalten einer bestimmten Person nur höchst eingeschränkt gelingen. Denn einzelne Gehirne organisieren sich aufgrund genetischer Unterschiede und nicht reproduzierbarer Prägungsvorgänge durch Umwelteinflüsse selbst – und zwar auf sehr unterschiedliche Weise, individuellen Bedürfnissen und einem individuellen Wertesystem folgend. Das macht es generell unmöglich, durch Erfassung von Hirnaktivität auf die daraus resultierenden psychischen Vorgänge eines konkreten Individuums zu schließen. Im Endeffekt könnte sich eine Situation wie in der Physik ergeben: Die klassische Mechanik hat deskriptive Begriffe für die Makrowelt eingeführt, aber erst mit den aus der Quantenphysik abgeleiteten Begriffen ergab sich die Möglichkeit einer einheitlichen Beschreibung. Auf lange Sicht werden wir entsprechend eine "Theorie des Gehirns" aufstellen, und die Sprache dieser Theorie wird vermutlich eine andere sein als jene, die wir heute in der Neurowissenschaft kennen. Sie wird auf dem Verständnis der Arbeitsweise von großen Neuronenverbänden beruhen, den Vorgängen auf der mittleren Ebene. Dann lassen sich auch die schweren Fragen der Erkenntnistheorie angehen: nach dem Bewusstsein, der Ich-Erfahrung und dem Verhältnis von erkennendem und zu erkennenden Objekt. Denn in diesem zukünftigen Moment schickt sich unser Gehirn ernsthaft an, sich selbst zu erkennen. Dann werden die Ergebnisse der Hirnforschung, in dem Maße,

in dem sie einer breiteren Bevölkerung bewusst werden, auch zu einer Veränderung unseres Menschenbildes führen. Sie werden dualistische Erklärungsmodelle – die Trennung von Körper und Geist – zunehmend verwischen. Ein weiteres Beispiel: das Verhältnis von angeborenem und erworbenem Wissen. In unserer momentanen Denkweise sind dies zwei unterschiedliche Informationsquellen, die unserem Wahrnehmen, Handeln und Denken zu Grunde liegen. Die Neurowissenschaft der nächsten Jahrzehnte wird aber ihre innige Verflechtung aufzeigen und herausarbeiten, dass auf der mittleren Ebene der Nervennetze eine solche Unterscheidung gar keinen Sinn macht. Was unser Bild von uns Selbst betrifft, stehen uns also in sehr absehbarer Zeit beträchtliche Erschütterungen ins Haus. Geisteswissenschaften und Neurowissenschaften werden in einen intensiven Dialog treten müssen, um gemeinsam ein neues Menschenbild zu entwerfen. Aller Fortschritt wird aber nicht in einem Triumph des neuronalen Reduktionismus enden. Selbst wenn wir irgendwann einmal sämtliche neuronalen Vorgänge aufgeklärt haben sollten, die dem Mitgefühl beim Menschen, seinem Verliebtsein oder seiner moralischen Verantwortung zugrunde liegen, so bleibt die Eigenständigkeit dieser "Innenperspektive" dennoch erhalten. Denn auch eine Fuge von Bach verliert nichts von ihrer Faszination, wenn man genau verstanden hat, wie sie aufgebaut ist. Die Hirnforschung wird klar unterscheiden müssen, was sie sagen kann und was außerhalb ihres Zuständigkeitsbereichs liegt, so wie die Musikwissenschaft – um bei diesem Beispiel zu bleiben – zu Bachs Fuge Einiges zu sagen hat, zur Erklärung ihrer einzigartigen Schönheit aber schweigen muss. Quelle

Das Manifest
© Gehirn und Geist
Magazin | 13.10.2004 |
http://www.spektrum.de/thema/das-manifest/852357
Aufruf 2017

Nach der Lektüre dieses Manifestes kann der unvoreingenommene und wissenschaftsgläubige Mensch vor lauter vermeintlich klugen und hochintellektuellen Erkenntnissen und Prophezeiungen seinen sich fast schon in Kiefersperre befindlichen offenen Mund vor lauter Verzückung und freudiger Erregung kaum schließen!
Ein Feuerwerk von Theorien, scheinbaren neuen Erkenntnissen und hoch spirituellen Heilsversprechungen wird dem Leser mitgeteilt. Endlich werden Alzheimer und Parkinson geheilt sein, neurodegenerative andere Erkrankungen des Zentralen Nervensystems werden besiegt, Blinde werden wieder sehen können und Gehörlose wieder die wunderbare Welt der Töne genießen können, Schizophrene und Depressive können ihre einsame Innenwelt verlassen und hochkomplexe Neuroprothesen werden bald im Supermarkt mit entsprechenden Rabatten der Krankenkassen zu erstehen sein. Wir werden eine neue Welt erleben, ein neues Menschenbild werden wir formen müssen: der menschliche Geist war nur eine Illusion, unsere Gefühle, Ansichten, Reaktionen, unsere Liebe zu uns selbst und zu anderen: alles Illusion bzw. das Werk neuronaler Vorgänge die wiederum durch molekulare Aktivitäten generiert wurden!!! Last but not Least sind wir das Ergebnis einer wunderbar linear verlaufenden Evolution die die Krone der Schöpfung hervorgebracht hat!! Wow, wenn das kein Statement ist!?

„ Jeder, sieht man ihn einzeln, ist leidlich klug und verständig; sind sie in corpore, gleich wird euch ein Dummkopf daraus“.

(Friedrich Schiller, Gelehrte Gesellschaften)

Das vollbrüstige Sinfonie-orchester der wissenschaftlichen Töne ist dann gur zehn Jahre später auf das Niveau eines Rummelplatz-Schützenzuges gesunken. So gut wie nichts ist eingetroffen. Nach wie vor tut man sich schwer die hochkomplexen Funktionen und Abläufe bei innerpsychischen Prozessen zu definieren, zu orten und zu interpretieren. Anatomie hat eben nicht immer mit Physiologie zu tun: wir sehen zwar mit den Augen, doch sind diese praktisch nur eine Verlängerung des Gehirns. Erst dort wird ein fertiges Bild zusammengesetzt, wobei hier sofort dazu gesagt werden muss das der Sehvorgang an sich auch noch nicht hinreichend erklärt ist. Ebenso verhält es sich mit dem Hören, Riechen, Schmecken.

Nachfolgend nun wieder eine längere Zitatpassage die die Aussagen des Manifestes auf ihre Gültigkeit interpretiert hat. Ich muß dies hier so darstellen, damit der Leser tunlichst auf dem neuesten wissenschaftlichen Kenntnisstand zurückgreifen kann und Vergleiche ziehen mag.

Memorandum „Reflexive Neurowissenschaft"
Aus Psychologie Heute

„Vor 10 Jahren, im Jahr 2004 wurde der Öffentlichkeit ein Manifest von Neurowissenschaftlern präsentiert, das eine äußerst optimistische Zukunftsperspektive der Hirnforschung erkennen ließ. Unter anderem sollten neue Neurotechnologien die Enträtselung des Gehirns und damit des Geistigen ermöglichen, und für die klinische Praxis sollten bald effektivere und nebenwirkungsärmere Psychopharmaka entwickelt werden. Schließlich sollte ein neues, wissenschaftlich fundiertes Menschenbild entstehen.

Die *heutige Bilanz fällt aus unserer Sicht allerdings eher enttäuschend aus. Eine Annäherung an gesetzte Ziele ist nicht in Sicht. Die Ursachen dafür gehen weit über organisatorisch-technische Schwierigkeiten hinaus und liegen einerseits an Schwächen im Bereich der Theorie der Neurowissenschaft, andererseits an zu wenig durchdachten naturalistischen Vorannahmen und Konzepten, die wünschenswerte Brückenschläge zur Psychologie, Philosophie und Kulturwissenschaft nachhaltig erschweren.*

Bereits die oftmals unzulängliche Unterscheidung von notwendigen und hinreichenden Bedingungen hat auf vielen Feldern zur Überschätzung eigener Erklärungsansprüche geführt: Selbstverständlich ist ohne Gehirn alles nichts, aber das Gehirn ist nicht alles, denn es benötigt den Körper, und der Körper benötigt die Umwelt. Aussagen wie „Psychische Prozesse beruhen auf Gehirnprozessen“ führen uns nicht weiter, denn psychische Prozesse benötigen auch die Atmung, den Blutkreislauf usw.

Auch die Verkürzung der Psychologie auf alltagsweltliche Begriffe und Konzepte und auf einfache Experimente ist problematisch. So bleibt oft unbeachtet, ob die experimentelle Operationalisierung einer Funktion den psychologischen Inhalt dieser Funktion zutreffend widerspiegelt. Außerdem zeigt die Forschung, dass eine psychische Funktion (z.B. Sehen) an mehreren Gehirnorten realisiert ist und dass andererseits ein Gehirnort an mehreren Funktionen beteiligt ist. Damit werden mehrere Schwierigkeiten einer eindeutigen Zuordnung psychischer Funktionen zu Hirnstrukturen erkennbar. Dies beruht auf dem Netzwerkcharakter des Gehirns. Dieser Aspekt muss ausdrücklicher als zuvor durch die Einbindung der Systemwissenschaft berücksichtigt werden. Sie kann als mathematisch fundierte Disziplin helfen, die Funktionsweise des Gehirns als System zu verstehen. Das Gehirn ist ja aus Milliarden von zellulären Schaltkreisen aufgebaut, die eine hochkomplexe Signalaktivität aufweisen.

Um Gehirnfunktionen angemessen verstehen zu können, ist daher eine enge und institutionalisierte Zusammenarbeit von Biologie, Psychologie und Systemwissenschaft erforderlich, und zwar unter essenzieller Beteiligung der Philosophie mit ihren Facetten der Anthropologie, Philosophie des Geistes und Wissenschaftstheorie.Eine bloße Ergänzung der (neuro)biologischen Beschreibung durch einige psychologische und geisteswissenschaftliche Randaspekte ginge am Ziel vorbei. Nur wenn die klinische Praxis, also Psychiater und Neurologen, in die Forschung eingebunden wäre, könnte die nötige Transdisziplinarität zustande kommen, die eine neue, diskursive und reflexive (nachdenkliche) Neurowissenschaft entstehen lässt, die auch ihre eigenen Grundlagen hinterfragen und ihre Grenzen erkennen kann.

Letztlich ist die Reduktion des Menschen und all seiner intellektuellen und kulturellen Leistungen auf sein Gehirn als „neues Menschenbild" völlig unzureichend. In diesem einseitigen Raster ist der Mensch als Subjekt und Person in seiner Vielschichtigkeit nicht mehr zu fassen. Es ist immer die ganze Person, die etwas wahrnimmt, überlegt, entscheidet, sich erinnert usw., und nicht ein Neuron oder ein Cluster von Molekülen.

1. Einleitung

Im Jahr 2004 wurde ein anspruchsvolles „ Manifest der Neurowissenschaftler " verfasst, das ein optimistisches Bild der damaligen Lage und von zukünftigen Optionen der Neurowissenschaften skizzierte (www.gehirn-und-geist.de/manifest). So wisse man bereits, welche

Lernkonzepte – etwa für die Schule – die besten seien (S. 33). Das Manifest beeindruckte unsere wissenschaftliche Öffentlichkeit tief, sodass es nun 10 Jahre nach dieser Positionierung besonders interessant ist, seine Aussagen und die anvisierten Ziele zu überprüfen. Das Manifest war ein wichtiger Impuls, diese Forschungsrichtung sehr ernst zu nehmen, es wurden Erwartungen geweckt, aber auch Widersprüche hervorgerufen.

Die Bilanz des mittlerweile Erreichten ist allerdings ernüchternd. Das liegt aber nicht nur an mangelnden methodischen Durchbrüchen, unerwartet zeitaufwendiger Entwicklungsarbeit für Medikamente, fehlenden Forschungsgeldern,unzureichenden Organisationsstrukturen der Forschung und auch an der „zu kurzen" Zeitspanne, sondern zu großen Teilen an wissenschaftssystematischen Schwierigkeiten der Neurowissenschaften. Wären die unbefriedigenden Ergebnisse allein durch technische und organisatorische Probleme bedingt, dann wären vielleicht die Ziele noch nicht erreicht, aber eine Annäherung an diese wäre erkennbar. Das Ausbleiben einer solchen Entwicklung liegt auch nicht daran, dass eine differenzierte Fachlichkeit nicht leicht in einer gehobenen Umgangsprache abzubilden ist oder dass Medien die Aussagen überzeichnet hätten. Es liegt im Wesentlichen an Unzulänglichkeiten im Bereich der Theorie und Methodologie der Neurowissenschaften. Die genauere Betrachtung des Manifests „Im Jahr 2004 legte eine

Gruppe von Neurowissenschaftlern ein Manifest zur Lage und Zukunft ihrer Forschungsrichtung vor. Sie prophezeiten ihrer Disziplin großartige Fortschritte in Diagnostik, Therapie und Grundlagenforschung. Heute, zehn Jahre später, ziehen namhafte Neurowissenschaftler eine eher ernüchternde Bilanz.

Vor 10 Jahren, im Jahr 2004 wurde der Öffentlichkeit ein Manifest von Neurowissenschaftlern präsentiert, das eine äußerst optimistische Zukunftsperspektive der Hirnforschung erkennen ließ. Unter anderem sollten neue Neurotechnologien die Enträtselung des Gehirns und damit des Geistigen ermöglichen, und für die klinische Praxis sollten bald effektivere und nebenwirkungsärmere Psychopharmaka entwickelt werden. Schließlich sollte ein neues, wissenschaftlich fundiertes Menschenbild entstehen.

Die heutige Bilanz fällt aus unserer Sicht allerdings eher enttäuschend aus. Eine Annäherung an gesetzte Ziele ist nicht in Sicht. Die Ursachen dafür gehen weit über organisatorisch-technische Schwierigkeiten hinaus und liegen einerseits an Schwächen im Bereich der Theorie der Neurowissenschaft, andererseits an zu wenig durchdachten naturalistischen Voranahmen und Konzepten, die wünschenswerte Brückenschläge zur Psychologie, Philosophie und Kulturwissenschaft nachhaltig erschweren.

Bereits die oftmals unzulängliche Unterscheidung von notwendigen und hinreichenden Bedingungen hat auf vielen Feldern zur Überschätzung eigener Erklärungsansprüche geführt: Selbstverständlich ist ohne Gehirn alles nichts, aber das Gehirn ist nicht alles, denn es benötigt den Körper, und der Körper benötigt die Umwelt. Aussagen wie „Psychische Prozesse beruhen auf Gehirnprozessen" führen uns nicht weiter, denn psychische Prozesse benötigen auch die Atmung, den Blutkreislauf usw.

Auch die Verkürzung der Psychologie auf alltagsweltliche Begriffe und Konzepte und auf einfache Experimente ist problematisch. So bleibt oft unbeachtet, ob die experimentelle Operationalisierung einer Funktion den psychologischen Inhalt dieser Funktion zutreffend widerspiegelt. Außerdem zeigt die Forschung, dass eine psychische Funktion (z.B. Sehen) an mehreren Gehirnorten realisiert ist und dass andererseits ein Gehirnort an mehreren Funktionen beteiligt ist. Damit werden mehrere Schwierigkeiten einer eindeutigen Zuordnung psychischer Funktionen zu Hirnstrukturen erkennbar. Dies beruht auf dem Netzwerkcharakter des Gehirns. Dieser Aspekt muss ausdrücklicher als zuvor durch die Einbindung der Systemwissenschaft berücksichtigt werden. Sie kann als mathematisch fundierte Disziplin helfen, die Funktionsweise des Gehirns als System zu verstehen. Das Gehirn ist ja aus Milliarden von zellulären Schaltkreisen aufgebaut, die eine hochkomplexe Signalaktivität aufweisen.

Ue Aufgabe, sondern m Gehirnfunktionen angemessen

verstehen zu können, ist daher eine enge und institutionalisierte Zusammenarbeit von Biologie, Psychologie und Systemwissenschaft erforderlich, und zwar unter essenzieller Beteiligung der Philosophie mit ihren Facetten der Anthropologie, Philosophie des Geistes und Wissenschaftstheorie. Eine bloße Ergänzung der (neuro)biologischen Beschreibung durch einige psychologische und geisteswissenschaftliche Randaspekte ginge am Ziel vorbei. Nur wenn die klinische Praxis, also Psychiater und Neurologen, in die Forschung eingebunden wäre, könnte die nötige Transdisziplinarität zustande kommen, die eine neue, diskursive und reflexive (nachdenkliche) Neurowissenschaft entstehen lässt, die auch ihre eigenen Grundlagen hinterfragen und ihre Grenzen erkennen kann.

Letztlich ist die Reduktion des Menschen und all seiner intellektuellen und kulturellen Leistungen auf sein Gehirn als „neues Menschenbild" völlig unzureichend. In diesem einseitigen Raster ist der Mensch als Subjekt und Person in seiner Vielschichtigkeit nicht mehr zu fassen. Es ist immer die ganze Person, die etwas wahrnimmt, überlegt, entscheidet, sich erinnert usw., und nicht ein Neuron oder ein Cluster von Molekülen.

Es führt nämlich zu der Vermutung, dass Hirnforscher oft von impliziten erkenntnistheoretischen und wissenschaftstheoretischen Annahmen ausgehen, die sie das Erklärungspotenzial der Hirnforschung überschätzen lassen.

Wären diese Ansprüche und ihre Probleme nur von theoretischer Bedeutung, so wäre eine Diskussion weniger wichtig. Offensichtlich hat aber die Öffentlichkeit aus vielerlei Gründen an den praktischen Erfolgen der Hirnforschung großes Interesse. Die Klärung des wahren Potenzials der Neurowissenschaft sowie der Bedingungen, unter denen sich dieses Potenzial am besten entwickeln kann, ist deshalb keine rein akademische Aufgabe, sondern m Gehirnfunktionen angemessen verstehen zu können, ist daher eine enge und institutionalisierte Zusammenarbeit von Biologie, Psychologie und Systemwissenschaft erforderlich, und zwar unter essenzieller Beteiligung der Philosophie mit ihren Facetten der Anthropologie, Philosophie des Geistes und Wissenschaftstheorie. Eine bloße Ergänzung der (neuro)biologischen Beschreibung durch einige psychologische und geisteswissenschaftliche Randaspekte ginge am Ziel vorbei. Nur wenn die klinische Praxis, also Psychiater und Neurologen, in die Forschung eingebunden wäre, könnte die nötige Transdisziplinarität zustande kommen, die eine neue, diskursive und reflexive (nachdenkliche) Neurowissenschaft entstehen lässt, die auch ihre eigenen Grundlagen hinterfragen und ihre Grenzen erkennen kann.

2. Gesellschaftliche Bedeutung

Psychiatrische und neurologische Erkrankungen machen

nach Einschätzung der WHO heute einen Großteil aller Erkrankungen aus. Diese Situation wird sich noch verschärfen. Deshalb wird von klinisch tätigen Ärzten sowie von Patienten und deren Angehörigen nichts sehnlicher erwartet als Fortschritte der Neurowissenschaften. Auch bestehen gesellschaftliche Erwartungen zur Frage der neurobiologischen Früherkennung und Einschätzung von potenziellen Gewalttätern. Schließlich ist das Verständnis des Gehirns von größter Bedeutung für das anthropologische Selbstverständnis des Menschen. Mit unseren Konzepten vom Gehirn und dem Geistigen ist die rechtliche, soziale und kulturelle Ordnung unserer Gesellschaft eng verbunden. Es geht also um nichts weniger als die Frage: Was ist der Mensch?

3. Einige Feststellungen und Prognosen des Manifests

Was haben nun die Neurowissenschaftler damals versprochen, und was haben sie gehalten? Blickt man 10 Jahre zurück, so sind zwar Fortschritte in der Neurobiologie erkennbar, aber es ist nicht viel Sensationelles in Forschung und Praxis zu vermelden. Das Manifest prognostiziert hingegen (S. 36): „In absehbarer Zeit wird eine neue Generation von Psychopharmaka entwickelt, die selektiv in bestimmten Hirnregionen an definierten Nervenzellrezeptoren angreift. Dies könnte die Therapie psychischer Störungen revolutionieren.“

Für *die Behandlung psychiatrischer und neurologischer Erkrankungen sind Medikamente zwar ein wichtiger Bestandteil der Therapie. Es war aber bereits vor 10 Jahren bekannt, dass spezielle Medikamente, ob sie auf einen oder mehrere spezifische Rezeptortypen einwirken, keine wesentliche therapeutische Effektsteigerung bringen und darüber hinaus problematische Nebenwirkungen auslösen können. Die Schwierigkeit für die aktuell eher stagnierende Entwicklung von Psychopharmaka besteht darin, dass die molekularen Hirnmechanismen, die beim Auftreten von psychischen Erkrankungen relevant sind, in vielfältiger Weise funktionell eng miteinander* verbunden *sind. Diese molekularen Netzwerke erschweren auch das Verstehen der psychischen Wirkung von Drogen. Derzeit ist bei verschiedenen psychiatrischen und neurologischen Erkrankungen die Anwendung von Elektroden zur tiefen Hirnstimulation sehr beliebt. Dieses Verfahren ist bereits aus Tierexperimenten der 1960er Jahre bekannt. Die heutige breite Anwendung dieser Methode lässt jedoch erkennen, dass sie zwar effektiv, aber nur verhältnismäßig unspezifisch wirksam ist. Auch das ist durch die hochgradige Vernetzung neuronaler Schaltkreise erklärbar. Das entsprechende Konzept vom Gehirn als Netzwerk hat in den letzten Jahren zu der Vorstellung krankheitsspezifischer Netzwerktypen geführt, wobei diese Grundhypothese mangels systematischer empirischer Daten noch nicht gut belegt ist. Lernende künstliche Netzhäute des Auges und Neuroprothesen, wie sie im Manifest gelobt werden (S. 36), sind weiterhin eher Zukunftsmusik. Bisherige Erfolge beschränken sich auf wenige Fälle, in denen nur eine rudimentäre Wiederherstellung von Funktionen gelungen ist. Zweifellos haben in den vergangenen 10 Jahren einige Bereiche der Neurologie, vor allem die Neurochirurgie und die Neurorehabilitation, einen guten Fortschritt gemacht. Eingriffe sind heute möglich, von denen man vor einigen Jahren nur träumen konnte. Doch betrachtet man diese Fortschritte genauer, so findet man ihren Grund in der Entwicklung der Technik, allem voran der digitalen Technologien, und nicht im erweiterten Wissen über die zugrunde liegenden Prozesse im Gehirn.Auch in der experimentellen Hirnforschung ist technisch-apparativ einiges vorangekommen: Wenn man auf die Optogenetik blickt, auf Multi-Elektroden-Ableitungen, auf das Fibertracking und Untersuchungen im Ruhezustand („resting state"), auf Methoden der Identifikation der Verbindungen von Gehirngebieten etwa in Form des Projekts des Human Connectome, auf das Human Brain Project als Programm der Rekonstruktion des menschlichen Gehirns – dann liefert all dies immer detailliertere Beschreibungen. Und das ist gut so! Die Hirnforschung scheint allerdings von der Grundannahme auszugehen, dass mit höherer Detailtreue der Empirie auch das Verständnis der Mechanismen zunimmt. Da ist zu fragen: Bedeuten mehr „Daten", in gleichem Maße mehr „erklären" und „verstehen" zu können? Diese*

Fragen berühren das philosophische Gebiet der Wissenschaftstheorie. Die Einbindung entsprechender philosophischer Kompetenzen könnte zu vertiefter Reflexion über das Erkenntnispotenzial

4. Die Verortung des Psychischen im Gehirn

Zu dem jahrhundertealten Projekt, Zuordnungen zwischen psychischen Funktionen und Gehirnstrukturen zu treffen, sagen die Autoren des Manifests, dass sie „... eine thematische Aufteilung der obersten Organisationsebene des Gehirns nach Funktionskomplexen“ gewonnen hätten (S. 31). Damit nicht genug (S. 33): „Die Daten, die mit modernen bildgebenden Verfahren gewonnen wurden, weisen darauf hin, dass sämtliche innerpsychischen Prozesse mit neuronalen Vorgängen in bestimmten Hirnarealen einhergehen – zum Beispiel Imagination, Empathie, dem Erleben von Empfindungen und dem Treffen von Entscheidungen beziehungsweise der absichtsvollen Planung von Handlungen.“ Hier ist zunächst erkennbar, dass unausgesprochene philosophische Überzeugungen zum ontologischen Verhältnis von innerpsychischen Prozessen und Gehirnvorgängen einfließen. Es wird außerdem unterstellt, dass „sämtliche“ psychischen Funktionen, also auch alle Emotionen bereits experimentell untersucht worden sind. Das ist schlichtweg unzutreffend, sodass diese Aussage bestenfalls als Hypothese, aber nicht als Befund zu werten ist. Zum anderen wäre es falsch, den Sachverhalt eines „Einhergehens“ als Beweis kausaler

Zusammenhänge zu verstehen. Tatsächlich gehört es zu den Grundtatsachen der mathematischen Statistik, dass Korrelationen allein keine Kausalität begründen. Psychische Phänomene gehen auch mit der Aktivität des Herzen, des vegetativen Nervensystems und der gesamten Muskulatur einher. So wie man im Prinzip ohne Hirnrinde nicht denken kann, kann man ohne Arme keine Bäume fällen, ohne Beine nicht gehen und ohne Augen nicht sehen. Es ist außerdem sicher, dass auch der Neurowissenschaften führen.*molekulare und elektrische Prozesse in Gliazellen mit psychischen Prozessen „einhergehen“. Die* Gleichsetzung *des Gehirns mit Nervenzellen, womöglich sogar nur mit solchen der Großhirnrinde, ist also bereits eine zu eng gefasste Reduktion, denn letztlich könnten auch Sauerstoff und Glukose als notwendige Bedingungen der Gehirnaktivität und damit von psychischen Prozessen angesehen werden. Findet man deshalb parallel zu psychischen Prozessen und Zuständen Gehirnaktivitäten, dann ist deren Spezifität nachzuweisen. Andernfalls gleitet man in unzeitgemäße Trivialitäten ab. Es zeigt sich darüber hinaus bereits seit Jahrzehnten, dass eine eindeutige Struktur-Funktion-Zuordnung mit erheblichen Unschärfen verbunden ist. Das stellt sich besonders eindrucksvoll am Beispiel des Sehens dar, an dem mehr als 30 Hirnareale mit etwa 900 Verbindungswegen beteiligt sind. Es verwundert daher auch nicht, dass ein Gehirnareal wie der präfrontale Kortex multiple Funktionen wie Sehen, Bewerten, Gedächtnis, usw.*

aufweist. Die Frage, auf welcher Organisationsebene und mit welcher Ortsauflösung einzelne psychische Funktionen realisiert werden, dürfte deshalb am Problem vorbeigehen. Hier setzen bereits die neueren Konnektivitätsanalysen an. Das Gehirn ist wegen seiner hochgradigen Rückkopplung seiner Areale als ein operational geschlossenes System – oder aktueller formuliert: als ein „Netzwerk“ – zu charakterisieren. Sinngemäß gilt somit grundsätzlich: Eine psychische Funktion wird an mehreren Gehirnorten realisiert, und ein Gehirnort ist an mehreren Funktionen beteiligt.

D*arüber hinaus müssen die psychologischen Termini, die neurobiologisch „erklärt“ werden sollen, vorher genau abgegrenzt und auch messtechnisch definiert werden. Nur so können sie von dem unscharfen Bedeutungsfeld der gehobenen Umgangssprache abgegrenzt werden. Anders gesagt: Die Qualität der Zuordnung einer Funktion zu einer Struktur hängt wesentlich von der Präzision der Definition des jeweiligen Funktionsbegriffs ab. Um z.B. Aufmerksamkeit bestimmten Orten im Gehirn zuzuordnen, muss man zuerst klären, was die Aufmerksamkeit wissenschaftlich-psychologisch gesehen ist. Bei entsprechenden Präzisierungsbemühungen geht aber leicht der Bezug zum phänomenalen Erleben abhanden, was die Gültigkeit der Aussagen zusätzlich mindert. Dieses Problem ist vor allem für die Psychiatrie bedeutsam, da eine „Verortung“ psychischer Krankheiten im Gehirn bisher oft nicht oder nur zum Teil gelungen ist und aus den genannten Gründen auch kaum zu erwarten* *ist. Es ist also festzustellen, dass die methodologischen Probleme der Zuordnungen von Strukturen und Funktionen, wie sie in der modernen Philosophie des Gehirn-Geist-Problems diskutiert werden, von den Neurowissenschaftlern nur unzureichend berücksichtigt worden sind.*

Die Vernachlässigung der erkenntnistheoretischen Problematik, in der Hirnforschung Struktur-Funktion-Beziehungen herzustellen, die grundlegend in der Perspektivendifferenz zwischen der subjektiven Erste-Person-Perspektive und der objektiven Dritte-Person-Perspektive bestehen zeigt zugleich, dass die Forschungsressourcen zu wenig in wichtige Bereiche der Grundlagenforschung gelenkt werden: Es müsste nämlich mehr in den Bereich der Theorie des Gehirns investiert werden, statt nahezu ausschließlich auf die Ausweitung der Datenbanken zu setzen, die bereits so komplex sind, dass sie kaum mehr übersehbar und damit auch immer weniger verstehbar sind.

5. Methodologische Grundfragen – das Gehirn-Geist-Problem

Die Autoren des Manifests erwecken den Eindruck, bereits über die Lösung des Gehirn-Geist-Problems zu verfügen (S. 33): „Wir haben herausgefunden, dass im menschlichen Gehirn neuronale Prozesse und bewusst erlebte geistig-psychische Zustände ... auf das Engste miteinander zusammenhängen und unbewusste Prozesse bewussten in bestimmter Weise vorausgehen.“ Wen wundert es? Die Einsicht der Hirnabhängigkeit psychischer Prozesse reicht im Prinzip teilweise bis Hippokrates und - was das Unbewusste betrifft - bis Sigmund Freud und sogar bis Friedrich Nietzsche zurück. Sie ist also nicht der modernen Neurowissenschaft zu verdanken, obwohl sie nun eng mit Letzterer verknüpft ist. Es ist klar: „Ohne Gehirn ist alles nichts!“ Man hat jedoch noch nie von „freilaufenden“ Gehirnen gehört. Das heißt „ Das Gehirn ist nicht alles. “ Ohne Körper und ohne Bezüge zu dessen Umgebung ist es auch ein „Nichts“! Das entspricht nicht nur der Alltagsrealität, sondern auch heutigen anerkannten analytischen Positionen der Philosophie des Geistes. Es geht also nicht um das „Dass“, sondern um das „Wie“ des „Zusammenhängens“ und des „Vorausgehens“.

Dazu führen die Autoren des Manifests aus (S. 33): „Auch wenn wir die genauen Details noch nicht kennen, können wir davon ausgehen, dass all diese Prozesse grundsätzlich durch physikochemische Vorgänge beschreibbar sind.“ Das ist Metaphysik, aber nicht empirische Neurobiologie. Beispielsweise hohe Dopamin- und Endorphinkonzentrationen in bestimmten Gehirnregionen einem Lustzustand zuzuordnen bedeutet nicht, dass psychische Phänomen Lust als physikochemisches Phänomen treffend „beschreiben“ zu können. Außerdem bedeutet eine Beschreibung noch keine wissenschaftliche Erklärung: Man kann z.B. Geldscheine physikalisch als Papierstücke beschreiben, aber ihre Erklärung ist nur mithilfe der

Wirtschaftswissenschaft möglich.

Dennoch behaupten die Autoren des Manifests (S. 36): „Das bedeutet, man wird widerspruchsfrei .... Geist, Bewusstsein, Gefühle, Willensakte und Handlungsfreiheit als natürliche Vorgänge ansehen, denn sie beruhen auf biologischen Prozesse.“ Es fragt sich bei dieser Behauptung, etwa in Hinblick auf die Willensfreiheit, wie es möglich ist, „freie“ und „unfreie“ biologische Prozesse voneinander zu unterscheiden. Aber vor allem ist die Vermischung von notwendigen und hinreichenden Bedingungen schwerwiegend, da in einem sehr trivialen Sinne alle menschlichen Leistungen „auf biologischen Prozessen beruhen“, denn man muss z.B. atmen, um etwas zu leisten, woraus jedoch nicht folgt, dass alle menschlichen Leistungen als Atmung „angesehen“ werden können. Hier zeigen sich also allzu einfache Verursachungstheorien. Es *wird sogar gesagt (S. 33): „Geist und Bewusstsein sind nicht vom Himmel gefallen, sondern haben sich in der Evolution des Nervensystems allmählich herausgebildet ... das ist vielleicht die wichtigste Erkenntnis der modernen Neurowissenschaften ...“ Mit derartigen spekulativen Aussagen wird, vom Leser unbemerkt, der Übergang von der Naturwissenschaft zur Naturphilosophie und letztlich zur Metaphysik vollzogen. Und die evolutionsbiologische Aussage, dass das Bewusstsein sich im Laufe der Geschichte der Arten entwickelte, hat wenig zu tun mit einer neurobiologischen Aussage, dass wir das Funktionieren dieses Bewusstseins auch nur annähernd verstehen.*

Aber schließlich folgt mit einem Anflug von epistemischer Selbstbegrenzung die überraschende Aussage (S. 33): „...Nach welchen Regeln das Gehirn arbeitet; wie es die Welt so abbildet, dass unmittelbare Wahrnehmung und frühere Erfahrung miteinander verschmelzen; wie das innere Tun als ‚seine' Tätigkeit erlebt wird und wie es zukünftige Aktionen plant, all dies verstehen wir nach wie vor nicht einmal in Ansätzen. Mehr noch: Es ist überhaupt nicht klar, wie man dies mit den heutigen Mitteln erforschen könnte."Es ist in der Tat eine große Herausforderung, zu verstehen, „ wie ein Gehirn seine zukünftigen Aktionen plant," denn wir kennen „Planen" nur beim Menschen und bei intelligenteren Tieren. Das sind jedoch komplexe Organismen, nicht einzelne, vom Körper abgekoppelte Organe, die weder Sinnes- noch Ausdrucksfunktionen aufweisen. Ein Gehirn kann sich deshalb auch nichts „merken". Die Eigenschaft, auf eine erneute Reizung stärker zu reagieren, ist als solche ebenso wenig schon der Ausdruck einer „Gedächtnisfunktion", wie es die Eigenart einer Fensterscheibe ist, nach einem Steinwurf einen Sprung aufzuweisen. Beachtet man diesen Unterschied nicht, so ist der Weg in einen allgemeinen Animismus nicht mehr weit, der doch gerade durch die Aufklärung, zu deren hartem Kern die Neurowissenschaft gehören möchte, beseitigt werden sollte. Nicht das Gehirn erlebt, sondern der Mensch.

6. Theoretische Herausforderungen

Ein grundsätzliches Problem der Hirnforschung besteht also darin, dass sie derzeit noch über keine differenzierte und übergreifende Gehirntheorie verfügt. Sie muss daher mit fokalen Hypothesen operieren, welche zu Schlussfolgerungen führen, die nicht selten übermäßig generalisiert werden. Ein Beispiel dafür ist die Frage nach der Sprache des Gehirns (S. 33):

„Um diesen Signalcode zu entschlüsseln, bedarf es wahrscheinlich paralleler Ableitetechniken, die eine gleichzeitige Messung an vielen Stellen des Gehirns erlauben". Es wird also wiederum auf technologische Fortschritte gesetzt, wobei das prinzipielle Problem übersehen wird, wie die damit gemessenen komplexen Aktivitätsmuster „entschlüsselt" werden können. Die bei der Analyse komplexer Datensätze anwendbaren mathematischen Methoden steigern nämlich an sich und nach allem, was wir heute wissen, den Erkenntniswert nicht wesentlich über die Aussage hinaus, dass das Gehirn ein extrem komplexes dynamisches System ist, dessen Besonderheiten bei neurologischen und psychiatrischen Erkrankungen sich der unmittelbaren Anschauung noch immer entziehen. Störungen wichtiger „Gehirnmarker" (EEG, evozierte Potenziale) lassen sich häufig nur auf der Ebene mathematischer Transformationen identifizieren. Des Öfteren fehlt dabei – und dies ist wesentlich – das Verständnis der betreffenden Wirkmechanismen. Die allgemeine Akzeptanz einer theoretischen Neurobiologie, ähnlich der

theoretischen Physik, ist demnach erst in der Zukunft zu erwarten. Die Autoren des Manifests waren hier weitaus optimistischer (S. 33):

„So wird sich neben der experimentellen Neurobiologie die theoretische Neurobiologie als Forschungsdisziplin durchsetzen, die dann ähnlich wie die theoretische Physik innerhalb der Physik eine große Eigenständigkeit besitzt.

Wir meinen, dass die obige Behauptung zwar auf eine sehr wünschenswerte, aber leider noch nicht erreichte Situation zielt. Bei diesem Projekt der Etablierung einer theoretischen Neurowissenschaft, die auf der Computational Neuroscience aufbauen kann, kommt der Einbindung der bereits interdisziplinär und durchaus mathematisch operierenden Systemforschung bzw. Systemwissenschaft eine Schlüsselrolle zu, insofern sie ausdrücklich den Systemcharakter des Gehirns berücksichtigt: Die zirkuläre, rückgekoppelte Kausalität im Gegensatz zur kaskadierten Kausalität und ebenso die unterschiedlichen Skalen, auf denen sich unterschiedliche Phänomene abspielen, sind Schlüsselprobleme im Verstehen der Gehirnprozesse, da vor allem durch verzögerte Rückkopplungsprozesse komplexe Aktivierungsmuster entstehen können. Eine entsprechende nichtlineare Dynamik kann bereits bei zwei unterschiedlich operierenden rückgekoppelten Elementen auftreten (Aktivator-Inhibitor-System). Zum Beispiel: Ein Aktivator eines zugeschalteten Inhibitors empfängt von diesem über die Rückkopplung eine Hemmung, welche die Aktivität des Aktivators mindert.

Dies führt in der Folge zur Minderung der Aktivität des Inhibitors, sodass der Inhibitor mit seiner Rückkopplung den Aktivator wieder weniger hemmt, der nun wieder stärker aktiv werden kann usw. Ein solches Minisystem kann also oszillierendes Verhalten zeigen. Wenn man nun bedenkt, dass bei zirka 1011 Neuronen mit ihren insgesamt zirka 1014 Schaltstellen jedes Neuron durchschnittlich nach drei oder vier dazwischengeschalteten Neuronen wieder ein Feedback bekommt, dann wird verständlich, dass, solange die Hirnforschung noch nicht von starken Theorien mit zugehöriger Begriffsbildung geleitet wird, die gesamte neuronale Netzwerkdynamik unübersehbar und unverstehbar bleiben muss. Denkt man weiterhin an die Vielzahl der Gliazellen, dann wird das Ausmaß des Nichtverstehens der Prozesskomplexität des Gehirns noch deutlicher. Das war auch 2004 - , seit den Darlegungen von Kybernetikern wie Valentino von Braitenberg und Heinz von Foerster - bereits 20 Jahre lang bekannt.

Woran es also fehlt, ist eine Fundierung der Neurowissenschaften durch eine systemische Methodologie, die nicht nur die äußerst potenten, aber damit oft komplizierten mathematischen Methoden nutzt, sondern auch die erkenntnistheoretische Seite des Verstehens komplexer, sich nicht linear verhaltender Systeme behandelt. Der kompetente Umgang mit Computersimulationen als Heuristik kann dabei ein wichtiges Hilfsmittel sein. Mathematik als solche ist in diesem Zusammenhang nicht ausreichend, denn parallel dazu sind konzeptuelle Theorieentwicklungen nötig. Derartige Gehirntheorien müssten allerdings wieder auf die Ebene der Allgemeinverständlichkeit und des qualitativen Verstehens zurückgeführt werden können, damit die notwendig interdisziplinäre Arbeit insgesamt Erkenntnisgewinne einbringt. Dies bedeutet nicht nur eine Herausforderung an die Mathematik, und zwar wegen der nötigen Interdisziplinarität auch in offener, gegenseitiger Verständlichkeit. Außerdem ist eine viel engere Zusammenarbeit zwischen Experiment und per se mathematisch ausgerichteter Theorie erforderlich.

7. Menschenbild – Gebiet der philosophischen Anthropologie

Die Autoren des Manifests glauben, dass die Neurobiologie das Menschenbild verändern wird (S. 36): „Was unser Bild von uns selbst betrifft, stehen uns in sehr absehbarer Zeit beträchtliche Erschütterungen ins Haus.“ Man werde ja erkennen und verstehen, „wie [das Gehirn] das innere Tun als ‚seine‘ Tätigkeit erlebt ... und wie es zukünftige Aktionen plant ... (S. 33). Diese Aussage lässt erkennen, dass hier der Mensch mit seinem Gehirn gleich gesetzt oder darauf reduziert wird. Es wird dem Gehirn die Fähigkeit des Organismus, des Menschen zugeschrieben, was ähnlich abwegig ist, wie einen Transistor bereits als Radio anzusehen. In der Alltagssprache ist es gang und gäbe, geistige Funktionen einzelnen Körperteilen („Meine Ohren können seine Reden nicht mehr hören!“) oder sogar Außenobjekten („Mein Auto freut sich, wenn es diese Autobahn fährt“)

metaphorisch zuzuordnen. Ist das „neue Menschenbild", in dem nicht ich, sondern mein Gehirn sieht, fühlt und Handlungen plant, tatsächlich mehr als eine solche Metapher? Bringt uns die einfache Umschreibung der Funktionen vom Geist auf das Gehirn wirklich weiter?

Was ist gewonnen, wenn wir sagen „Mein Mandelkern ist im Erregungszustand" statt „Ich fürchte mich"? Das metaphorische Denken ist für die Wissenschaft unentbehrlich, aber es lassen sich damit keine sachlichen Zusammenhänge begründen. Es ist, wie Bennett und Hacker (2003) sagten, völlig in Ordnung, vom „Fuß" eines Berges zu sprechen, solange man nicht nach dessen Schuh sucht. Allerdings ist im Manifest auch Bescheidenheit zu erkennen (S. 36): „Insbesondere wird eine vollständige Beschreibung des individuellen Gehirns und damit eine Vorhersage über das Verhalten einer bestimmten Person nur höchst eingeschränkt gelingen. Denn einzelne Gehirne organisieren sich aufgrund genetischer Unterschiede und nicht reproduzierbar Prägungsvorgänge durch Umwelteinflüsse selbst, und zwar auf sehr unterschiedliche Weise, individuellen Bedürfnissen und einem individuellen Wertesystem folgend." Hier werden plötzlich neben rein biologischen Ursachen die Ursachen ganz anderer – sozialer, ethischer – Ebenen eingeführt (Werte), und das bedeutet, dass die Autoren bereit sind, ihr gerade aufgebautes hirndeterministisches Menschenbild zugunsten eines anderen, integrativen aufzugeben, denn „Geisteswissenschaften und Neurowissenschaften werden in einen intensiven Dialog treten müssen, um gemeinsam ein neues Menschenbild zu entwerfen" (S. 37).

Diesem Satz stimmen wir vollständig zu, aber es genügt nicht, ihn als Fußnote wissenschaftlichen Erklärungen hinzuzufügen. Denn dieser Dialog muss organisiert und institutionalisiert werden, aber zunächst nur, um zu überprüfen, ob wirklich ein neues Menschenbild erforderlich ist. Es sind vielmehr wesentliche neurowissenschaftliche Befunde mit Fachvertretern zu diskutieren, die aus verschiedenen Bereichen kommen und die jeweils einen Einblick in einen anderen, angrenzenden Bereich haben. Auf diese Weise wäre die erforderliche integrative Interdisziplinarität realisierbar und nicht nur eine assoziative Interdisziplinarität. Das allerdings wird durch die bisweilen zu starre fakultäre Struktur von Universitäten behindert – beispielsweise wären hier interdisziplinäre Zentralinstitute hilfreich!

8. Disziplinäre Zuständigkeit

Welche wissenschaftlichen Welche Disziplinen sind den Neurowissenschaften zuzuordnen? Genügt es, einfach den gemeinsamen Gegenstand, nämlich das Gehirn als Kriterium zu wählen? Welche Position haben dann die Psychologie und jene Disziplinen, die über das Medium Sprache mit den Versuchspersonen arbeiten und dabei also nur indirekt Hirnfunktionen und nicht etwa elektrische Gehirnaktivität messen und prüfen? Ist ein derartiger Methodenmix hinreichend aussagekräftig? Diese Fragen lassen sich durch die Analyse der spezifischen Fachbegriffe, Methoden und Modelle klären.

Dabei sind die Mathematik und Methodik der Systemwissenschaft mit ihrer Kompetenz der Analyse komplexer dynamischer Systeme äußerst hilfreich.

In Hinblick auf diese Aufgaben erscheint uns vor allem die Einbindung der Philosophie wichtig, insofern sie eine jahrhundertelange Erfahrung mit Grundfragen zu unserem Wissen von der Welt hat, und im Besonderen zu Fragen des Menschenbildes (philosophische Anthropologie), der Ethik und der Wissenschaftstheorie wertvolle Erkenntnisse einbringen kann. Eine Aufgabe der Philosophie ist, alltagsweltliche und wissenschaftliche Weltbilder zu verbinden, auch was ethische Aspekte betrifft. Philosophie kann auf diese Weise den Neurowissenschaften vor allem Anregungen zur Nachdenklichkeit geben, um der Gefahr eines methodisch-technischen Aktionismus und drohender Überinterpretation naturwissenschaftlicher Befunde zu begegnen. Diese philosophische Betrachtungsweise fehlt im Konzept der Neurowissenschaftler, so wie sie sich im Manifest äußerten.

Wir meinen daher, dass eine weitgefasste Neurobiologie, die experimentelle, klinische und theoretische Arbeitsansätze beinhaltet, gemeinsam mit der Psychologie, der Systemwissenschaft und der Philosophie die beste Basis für eine nachdenkliche („reflexive") Neurowissenschaft bzw. für eine interdisziplinär fundierte

„Neurophilosophie" ausmacht, die nötig ist, die

Neurobiologie bei ihrer weiteren Entwicklung zu begleiten. Multidisziplinär qualifizierte Akteure in dieser Plattform der Nachdenklichkeit könnten eine bessere Anschlussfähigkeit garantieren, um nicht in Einseitigkeiten und Polarisierungen unnötig Kräfte zu verlieren. Diese Praxisform einer auf Kooperation ausgerichteten Neurowissenschaft wäre sogar als „nichtreduktive" Neurowissenschaft zu bezeichnen.

9. Fazit: Auf dem Weg zu einer reflexiven Neurowissenschaft

Jetzt scheint ein wichtiger Zeitpunkt der Zäsur des damals im Manifest Angedachten zu sein. Es zeigt sich als entscheidender Mangel, dass bislang keine empiriegestützte Gehirntheorie im Sinne einer umfassenden Gesamtschau entwickelt werden konnte. Angesichts beeindruckender Fortschritte der formalen Methoden in der Hirnforschung scheint dies eine seltsame Behauptung zu sein. Die Erfolge der mathematisch begründeten Neurowissenschaften beschränken sich jedoch auf die Vorhersage wohldefinierter sensorischer und kognitiver Leistungen. Von einer Erklärung der gesamten subjektiven Aspekte der Hirntätigkeit (im Manifest: „Geist, Bewusstsein, Gefühle, Willensakte und Handlungsfreiheit") sind wir jedoch noch immer weit entfernt. Die Klärung der entsprechenden Begriffe versuchen die Philosophie und die Geistes- und Gesellschaftswissenschaften seit langem.

Die erfolgreiche Theorieentwicklung in den Neurowissenschaften kann daher nur auf einer interdisziplinären Basis stattfinden. Das setzt aber voraus, dass sowohl Geisteswissenschaftler den empirischen Wissenschaften offen gegenüberstehen müssten, wie sich auch Hirnforscher von den Spuren einer Missachtung gegenüber den nicht-experimentierenden Wissenschaften befreien sollten. Einige dieser Wissenschaften mögen arm an empirischen Daten sein, sie können aber dafür wichtige Kompetenzen in der kritischen Interpretation der Befunde, in der sorgfältigen Formulierung der empirisch zu erforschenden Fragen besitzen, die, wie wir sehen, der noch jungen Hirnforschung so oft fehlen. Interdisziplinarität als integrierte Kultur ist also nötig; weder eine „friedliche Koexistenz" verschiedener (neurobiologischer, psychologischer, philosophischer) Ansichten noch assoziative Konsortien reichen aus. Transdisziplinarität, die auch die praktischen Erkenntnisse der klinischen Neurofächer einbindet, wäre allerdings besonders wertvoll. Auf diese Weise könnten Neurowissenschaftler in einer nichtreduktiven Weise mehr der nötigen Nachdenklichkeit praktizieren und eine „reflexive Neurowissenschaft" realisieren. Die Unterzeichner des vorliegenden Textes bemühen sich seit mehreren Jahren um einen derartigen inter- und transdisziplinären Diskurs und sehen dieses Memorandum als Anstoß, diesen Diskurs zu konsolidieren".

Psychologie Heute- Memorandum Reflexive Neurowissenschaft

https://www.psychologie-heute.de/home/lesenswert/memorandum-reflexive-neurowissenschaft/ *Aufruf 09/2016*

Das Memorandum zum Neurowissenschaftlichen Manifest erklärt eindeutig und unmissverständlich wo es im neurowissenschaftlichen Erkenntnis-tross arg rumpelt. Ich möchte hier nun nicht allzusehr auf die einzelnen Kritikpunkte eingehen und sie kommentieren. Sie sprechen für sich und sind allemal nachvollziehbar. Nur einige kleine Beispiele möchte ich anführen. Die medikamentöse Therapie bei Alzheiner-erkrankungen oder Dementiellen Syndromen allgemein sind bis zum heutigen Tage sehr fragwürdig hinsichtlich ihrer Wirksamkeit und Zweckmässigkeit wie unlängst in internationalen Studien nachgewiesen wurde. Wenige Funktionen werden wenn überhaupt nur marginal beeeinflusst und wenn dann um den Preis von erheblichen Nebenwirkungen die diese Medikamente selbstverständlich hervorrufen. Somit werden diese Patienten, und nicht nur diese, eigentlich garnicht „richtig" therapiert, sondern gelten mehr als gute Einnahmequelle für Pharmakonzerne, etwas überspitzt ausgedrückt. Die stereotaktischen Operationen bei Parkinson-patienten die mittels eines , Hirnschrittmachers und elektrischer Impulse zum normalen Laufen und weniger Zittern gebracht werden , sind recht überschaubar was ihre Wirksamkeit und Quantität angeht. Aber wie fast immer überschätzt hier eine Medizin ihre eigenen Möglichkeiten. Man kann einfach nicht in ein sich selbstregulierendes lebendes System eingreifen und meinen es steuern oder gar im Krankheitsfalle heilen zu können. Deshalb frage ich mich an dieser Stelle ob sich Wissenschaftler eigentlich an Ihre wissenschaftstheoretischen Grundsätze halten oder diese einfach vergessen wollen oder gar müssen? Diese Frage bleibt zu beantworten.

Doch nun nochmals zurück zu Tommy Lynn Sells[2]*. Hätte er sich also auf dieses Manifest berufen können, er wäre trotzdem getötet worden. Und hätte man bei ihm strukturelle Veränderungen seines Gehirns festgestellt, es wäre schwerlich eine Kausalität zu seinen Taten festgestellt worden. Wohin dieser diagnostische Unfug führt, werde ich noch an anderer Stelle mit einem anderen Beispiel anführen können. Blieben dann noch seine sozialen und zwischenmenschlichen Schwierigkeiten die seine Vita von vorneherein zum Scheitern bringen mussten? Möglich. Aus der Sicht des normalen rechtschaffenen Menschen mit seinem künstlichen Menschenbild, das ihm vorgegeben wurde und wird, ist eine nur sehr vage Verstehensweise ableitbar. Aus einem sicheren sozialen Gefüge heraus ist immer schnell ein pauschales Urteil gefällt. Manchmal zu schnell!*

Was bleibt nun als Resümee über einen Tommy Lynn Sells zu sagen?

Die vermeintlichen Ursachen seines Tuns und die schwere Deformierung seiner Persönlichkeit werden mit den konventionellen medizinischen und kriminologischen Daten und Interpretationen scheinbar erklärt. Aber auch nur scheinbar! Wie insgesamt im Bereich der Kausalität

2 **T.L.Sells war ein US-amerikanischer Serienmörder.**

werden wir auch hier nur wieder an einem mehr oder weniger willkürlichen Punkt eine Zäsur vornehmen müssen, um überhaupt eine vage Stellungnahme tätigen zu können. Ich habe bereits darauf hingewiesen.

Alles was wir als Menschen wahrnehmen das schließlich zur Ausbildung unseres Wissens führt, ist nur eine bedingte Qualität, keine reine und objektive Erkenntnis. Allein der Sehprozess, rein isoliert betrachtet, ist letztendlich ein mentaler Vorgang. Das Sehen spielt sich somit nicht im Auge oder auf der Netzhaut ab, sondern im Gehirn. Die Netzhaut des Auges ist nichts anderes als Hirngewebe. Aber auch hier gilt: Keinem Ding liegt eine Realität zugrunde. Alles spielt sich nur im Bewusstsein ab und ist abhängig vom subjektiven Bewertungsmuster. Um es einal ganz plump auszudrücken: Dass, was ich nicht sehe, berührt mich auch nicht.

Sein ureigenstes inneres Geschehen konnte einen kleinen unschuldigen Jungen zu einem mordenden mitleidlosen Menschen deformieren.

Die angeführten Umstände in seiner Kindheit mögen nunmehr als bedingte Ursachen anzusehen sein; sie sind nicht die wahren Triebfedern. Viele große aber auch eben so viele kleine Verletzungen und Irritationen führen schließlich zu einem Prozess, der in der Entwicklung eines Bewusstseins verheerende Auswirkungen haben kann.

Somit schließe ich dieses Kapitel mit einem Zitat von Friedrich Schiller:

„ Mein bester Sohn! Es ist nicht immer möglich, im Leben sich so kinderrein zu halten, wie's uns die Stimme lehrt im Innersten. In steter Notwehr gegen arge List bleibt auch das redliche Gemüt nicht wahr. Das eben ist der Fluch der bösen Tat, daß sie, fortzeugend, immer Böses muß gebären".

Kapitel 3

Über Wissenschaften und andere Wissen schaffende Systeme oder Die Sache mit dem Wissen

„Der gesunde Menschenverstand, wenn er eine Sache beurteilen will, schießt nicht so sehr fehl wie die halbe Gelehrsamkeit.“
(Immanuel Kant)

In diesem Kapitel das fast überwiegend aus Zitaten und Erkenntnissen aus meinem 2017 erschienenen Buch ***PALÄO-SETI und WISSENSCHAFT-analytische Bemerkungen zur Astronautengötter-theorie*** *besteht, möchte ich dem Leser zeigen, das nicht nur die Neurowissenschaften bzw. Medizin ihre argen Probleme und Schwierigkeiten aufweisen. Alle die Wissenschaften die sich mit der Entstehungsgeschichte des Menschen, seiner Herkunft und seinem Werdegang befassen, zeigen hochsignifikante Defizite und Fehlbeurteilungen auf. Da verwundert es kaum, das eine Theorie oftmals der anderen widerspricht und die Gralshüter der Wissenschaften diesen Unsinn dann noch dem staunenden Mitmenschen als spektakuläre wissenschaftliche Erkenntnis verkaufen. Es geht hier nicht um ein verunglimpfen oder kompromittieren von wissenschaftlichen Theorien oder Statements; allein einen Fehler einzugestehen von entsprechender Seite wäre schon ein großer Fortschritt. Aber diesen Charakterzug wird man höchst selten finden.*
So möchte ich dann den Leser einmal fernab von Neurowissenschaften und ihren Erkenntnissen zum Serienmörder darüber informieren, was die wissenschaftlichen Kollegen anderer Abteilungen so alles fabrizieren.
Wir werden etwas über Wissenschaft im Allgemeinen und ihre speziellen Fachabteilungen im Besonderen erfahren.

Eine Definition von Wissenschaft ist z. B. „das auf den Zusammenhang der Dinge Gerichtete, die dinghaften oder geistigen und kulturellen Erscheinungen methodisch erforschende, d. h. Ordnende, erklärende, begründende und wertende Erkenntnisverfahren."
Eine andere Worterklärung besagt, dass Wissenschaft die „Summe der logisch geordneten Erkenntnisse über ein bestimmtes Gebiet" sei, welches „ eine Anzahl an Erfahrungstatsachen umfasst, die durch Hypothesen und Theorien miteinander ergänzt und verbunden werden."
*Der Begriff Theorie leitet sich ab vom griechischen „**theorein**", wörtlich: die „**Schau des Göttlichen**" oder „**Anschauung, Beobachtung** oder **Betrachtung**". Nach dem griechischen Philosophen Aristoteles (384 – 322 v. Chr.) war Theorie die Fähigkeit der Vernunft zur Erfassung der höchsten Begriffe und Urteile, zu denen das induktive (vom Besonderen aufs Allgemeine schließende) Forschen führt. Eine heutige allgemeine Definition versteht unter Theorie ein „System wissenschaftlich begründeter Aussagen zur Erklärung bestimmter Tatsachen oder auch Erscheinungen und der ihnen zugrunde liegenden Gesetzmäßigkeiten". Unter „Hypothese" versteht man Letztendlich einen **Prototypen einer Theorie**, also eine **unbewiesene Annahme**, die bestätigt wird oder sich als falsch herausstellt. Nachfolgend beschreibe ich anhand von drei Beispielen , was in verschiedenen wissenschaftlichen Disziplinen unter „Wissenschaft" so alles verstanden wird.*

Beginnen wir mit der medizinischen Wissenschaft. Seit ewigen Zeiten postuliert ihre kardiologische Teildisziplin, das sogenannte Myokardinfarkte (Herzinfarkte) durch verstopfte Herzkranzgefäße, Thrombosen oder Embolien, und seltener,durch sogenannte Gefäßspasmen(Krämpfe) verursacht werden. Dies stützt sich, und der Leser liest das richtig, unter anderem auf Beobachtungen und Experimente aus dem 17. Jahrhundert. Kurze Zeit darauf wurde aber schon erkannt, und bis heute durch zahllose Studien belegt, dass diese Herzerkrankung und ihre Ursachen im neuropsychischen Kontext zu suchen ist: Letztendlich handelt es sich um ein reines Stoffwechselproblem des Herzmuskels, der praktisch übersäuert und abstirbt. Dennoch rückt die Medizin von ihrer antiquierten Ansicht nicht ab und verteidigt aus reiner Profitgier diese längst überholte Theorie der verstopften Arterien. Natürlich zählen auch hier einmal mehr die Interessen der Pharmaindustrie, einer raffgierigen Herzchirurgie und die Angst der Hochschulmedizin, diesen Irrtum einzugestehen.Dies ist nicht polemisierend gemeint, sondern grausame Realität. Abgesehen davon: unser leckeres Frühstücksei und sein Cholesterin waren nach der gängigen Lehrmeinung für verheerende Schäden im Organismus verantwortlich. Heute muss dann die Medizin kleinlaut diesen „Irrtum“ eingestehen und ad absurdum führen.

Aber ebenso erhält man in fast allen Bereichen der Krankheitsätiologie die unisono vorgetragene Antwort, das Erkrankungen oftmals multi-faktoriell bedingt seien. Besser gesagt, man weiß es nicht so genau. Ein anderes Mal, und heute aktueller denn je, heißt es, den Dingen auf der molekularen Ebene zu Leibe zu rücken oder die Gene wären schuld. Doch auch das ist müßig. Denn jede Ursache hat wiederum eine Ursache. Dieses Gesetz der Kausalität ist bis heute, Gott sei dank, allseits anerkannt. Bis heute hat die sog. High-Tech-Medizin, die Organe verpflanzen kann und aufgrund der Genanalyse eines Menschen auf seine Krankheitsdisposition schließen will, kein vernünftiges Mittel gegen einen banalen Schnupfen. Sei es die Rhinitis acuta oder das Nare-Syndrom, die Rhinitis vasomotorica. Wie kann wissenschaftliche Akribie und Exaktheit, der generelle Anspruch auf logische Erklärung ein Fundament von Wissenschaft sein, wenn unzählige Gründe für eine Erkrankung vorliegen können, aber nicht müssen, weil sie wiederum statistisch nicht immer zutreffen, und man oftmals gar nicht weiß, warum eine Erkrankung entsteht. Dennoch gibt es hier die tollsten Theorien, die wiederum allseits wohlwollend akzeptiert werden, obwohl sie manchmal groteske Widersprüche in sich tragen. Der durchtrainierte Sportler, der am plötzlichen Herzinfarkt verstirbt, obwohl er nicht die Spur einer verengten

Coronararterie aufweist; oder der sibirische Bauer, der nie geraucht hat und fünfzig Jahre seines Lebens stets die frischeste und klarste Luft seinen Bronchien zukommen ließ, stirbt am Lungenkrebs. Und übrigens: die genaue Ursache eines Schnupfens ist auch bis heute nicht eindeutig geklärt.

Wenden wir uns kurz der Theologie zu.

Als universitäres Studienfach an den entsprechenden kirchlischen Hochschulen etabliert, wird sie doch von den anderen Wissenschaften hinter vorgehaltener Hand milde belächelt. Als Wissenschaft von Gott und seinen Offenbarungen befasst sie sich mit einer als wahr angenommenen Religion, ihrer Offenbarung, Historie und Überlieferung. Auf die eklatanten wissenschaftstheoretischen Defizite der Theologie kann ich hier nicht eingehen. Sie sind aber in höchstem Masse ebenso interessant wie bedenklich stimmend.

Da gibt es beispielsweise die sogenannten Gottesbeweise, die die Existenz eines universalen Schöpfers und Lenkers darlegen sollen. Obwohl sie längst obsolet sind, werden sie in Fachkreisen doch noch diskutiert. Diese Gottesbeweise sind ein Konglomerat philosophischer und religiöser Ansätze, dass man nur noch mit dem Kopf schütteln kann. Und dennoch galten sie für Jahrhunderte als gegeben und wahr. Der mündige Leser findet zu diesem speziellen Thema eine Unmenge an Literatur. Ich verweise allgemein darauf.

Und noch eines: Nach gültiger theologischer Doktrin

greift Gott nicht in die Geschicke des Menschen ein. Er hat dies wohl nie getan und beabsichtigt dieses auch nicht in Zukunft zu tun. Soweit so gut. Warum aber hat er dies in den alttestamentarischen Berichten und Ausführungen mehr als oft getan? Von Mose bis Hesekiel oder Jesaja war es das Privileg Gottes, stets und immer und manchmal sogar urplötzlich und ohne Warnung, einzugreifen. Ab und an wird dann von offizieller Seite verlautbart, man dürfe die Schilderungen der Chronisten nicht immer so ernst nehmen. Wie das? Gottes Wort nicht ernst nehmen? Hin und wieder versank wohl einer der biblischen Berichterstatter in einen visionären Dämmerzustand. Wie bitte? Gottes Wort die Folge eines mentalen Blackouts?

Weiter geht's zur nächsten Attraktion der Wissenschaften. Am Beispiel der Physik lässt sich auch wundervoll belegen, dass Wissenschaft letztendlich eine Errungenschaft von Menschen ist und demzufolge voller Fehler, Widersprüche und peinlicher Beurteilungen ist. Die Suche nach der universellen Weltformel, an der schon der deutsche Physiker und Nobelpreisträger ***Werner Karl Heisenberg*** *scheiterte, der Entstehung des Universums und seinem Aufbau gerät faktisch ins lächerliche. Ob Stringtheorie oder Inflationstheorie, Hochenergiephysik, Einsteins Relativitätstheorie oder Quantenphysik; nichts, aber auch rein garnichts, passt zusammen. Nach der sogenannten Inflationstheorie hat sich das Universum, unser Kosmos, nach dem sog.*

„Big Bang“, dem Urknall, ausgedehnt.
Aus einem Tropfen Wasser wurde praktisch ein Ozean. Obwohl es bis heute keine vernünftige Basis dafür gibt, wird diese Theorie als gegeben hingenommen. Der englische Mathematiker und theoretische Physiker ***Roger Penrose*** *hält diese Theorie einfach nur für völligen Unsinn. Je mehr in diesen Bereichen geforscht*
wird, um so widersprüchlicher und unübersichtlicher wird die ganze Thematik.
Als wissenschaftliche Hilfsdisziplin dient die Statistik der zahlenmäßigen Untersuchung von Massenerscheinungen. Sie ist an entsprechende Fach-disziplinen gebunden, wie z. B. Physik, Medizin, Sozialwissenschaften oder der Psychologie.
Die Statistik blickt auf eine ca. 4.000-jährige Geschichte zurück. Als ihr Begründer gilt der Jurist und Historiker Gottfried Achenwall (1719 – 1772).
Man unterscheidet eine beschreibende oder deskriptive Statistik, analytische Statistik und die Wahrscheinlichkeitsrechnung. Doch auch in der exakten Welt der Statistik werden offensichtlich plumpe Fehler gemacht. Wie unlängst spanische Wissenschaftler herausfanden, wird das Aufrunden von Dezimalstellen nach einem Komma von einigen Wissenschaftlern nicht richtig beherrscht. Anstatt z. B. von 2,39 auf 2,4 aufzurunden, wird gleich auf 2,5 erhöht. Die Fehlerquote soll zwar bei Auswertung der Daten nur 4% betragen und keinen Einfluss auf wissenschaftliche Aussagen haben;

aber vier Prozent sind vier Prozent. Und diese Fehlbehaftung wird in wissenschaftliche Theorien impliziert und geduldet. So großzügig ist Wissenschaft zu sich selbst.
Als der englische Naturforscher und führende Vertreter der Abstammungslehre, **Charles Darwin** *(1809 – 1882) seine Auslese und Selektionstheorie der Arten vorstellte und in seinen beiden Hauptwerken „Über die Entstehung der Arten durch natürliche Zuchtwahl", 1859 und „Die Abstammung des Menschen und die geschlechtliche Zuchtwahl",1871,seine Erkenntnisse und Beobachtungen niederschrieb, wurde er zunächst bejubelt und gefeiert. War es doch gelungen, den Werdegang des Menschen und der Arten, wenn auch mit kleinen Unebenheiten, zu erklären. Mitnichten war das aber allerdings der Fall. Denn Darwin hat entgegen anderslautender Bekundungen nie gesagt, dass wir heutigen Menschen direkt vom Affen abstammten. Das taten dann allerdings um so mehr seine akademischen Kollegen. Nach dem Wahlmotto äffische Anatomie hin, menschliche Gene her, wird bis zum heutigen Tag doziert und deklariert, dass wir Heutigen vom Menschenaffen abstammen. Punkt. Kurzum: Aus dem einen Affen entwickelte sich der nächst höhere; bis dann letztendlich der Jetzt-Mensch auf der Bühne des Lebens erschien. So schön nahtlos und ebenmäßig könnte es sich ereignet haben; hat es sich aber leider nicht.Ob Neandertaler, Cro-Magnon-Mensch, Java-Mensch, Australopithecus, Peking- Mensch*
oder Homo habilis: nichts, aber auch rein gar nichts

passt zusammen. Und schon gar nicht konnte auch nur eine einzige Ursprungslinie bis dato ermittelt werden. Das sogenannte Missing-Link, das fehlende Glied, sozusagen das I-Tüpfelchen zur Menschwerdung wurde bisher noch nicht gefunden. Und ich kündige berechtigte Zweifel an, ob man dieses Bindeglied zwischen Affen und Menschen jemals finden wird, da es vermutlich nie existiert hat. Aber auch zu dieser brisanten Thematik rollt der wissenschaftliche Tross der Paläo-Anthropologie unbeirrt durch die Entstehungsgeschichte des Menschen, rumpelt schon mal über kleine Unebenheiten, doch insgesamt stört das wenig. Mit einer unverständlichen und schon an Dummheit grenzenden Arroganz wird hochmütig lächelnd eine Erkenntnis präsentiert, die jeder Neandertaler rasch widerlegen könnte. Das ganze Dilemma beginnt schon damit, dass ein exaktes Alter des Menschen nicht angegeben werden kann. Existieren wir in unserer heutigen Anatomie seit nunmehr zwei Millionen, oder doch wohl eher erst seit rd. 100.000 Jahren? Trennten sich einst der geschickte Homo habilis und der aufrecht daherkommende Homo erectus einst im fernen Afrika, um die Menschwerdung weltweit zu organisieren? Niemand weiß es. Anderslautende Darstellungen sind schlichtweg falsch. Bei genauerer Beschäftigung mit den bisher gemachten sogenannten wissenschaftlichen Thesen zur Menschwerdung sträuben sich bei einem halbwegs logisch denkenden Menschen dann doch ganz schnell die Haare. Ein unsystematisches und wirres Darstellen von Theorien, Hypothesen und

Vermutungen offenbart sich dem verdutzten und staunenden Leser Wiederum ein Beispiel: Einmal ist der Homo sapiens, also der Jetzt-Mensch praktisch aus dem Nichts aufgetaucht. Bei anderen Gelehrten, die ihre Anhänger für weniger dumm verkaufen wollen, hatten wir dann doch schon entsprechende Vorläufer.

Der aus dem bei Düsseldorf stammenden Neandertal kommende Kollege gilt heute nach allgemeiner Auffassung nicht mehr als einer unserer Urahnen. Wir sind zwar verwandt mit ihm, stammen aber doch aus unterschiedlichen Arten, jedoch vom selben Homo erectus. Und je nach akademischer Schule und Sichtweise kann wiederum angenommen werden, dass bestimmte andere Knochenfunde wiederum als sog. Später Homo erectus oder als archaischer Homo sapiens beurteilt werden können. Das entstammt nun nicht meiner blühenden Fantasie sondern ist tatsächlich heutige wissenschaftliche Lehre! Bei allem Respekt und auch Demut vor der altehrwürdigen Paläontologie: ideelle Auswüchse und Borderline-Symptome vermag ich schon zu erkennen. Aber kein Wunder, dass bei der Vielzahl an Knochen, die gefunden werden, man vor lauter Bäumen den Wald nicht mehr sieht oder sehen will. Kommen dann auch noch Fakten auf den Tisch der Evolution, die vermuten lassen, dass wir Heutigen gar schon seit mehr als 50 Millionen Jahren über diese Erde schreiten, entbehrt das natürlich jeglicher Logik, ist abstrus, albern; passt eben nicht ins Bild der wissenschaftlichen Ansicht. Es ist aber auch eine Crux mit diesen ganzen Fakten und Daten,

Spuren, Hinweise und Methoden, mit denen das alles zustande gebracht wird. Doch zwischen den Lehrstühlen der paläo-anthropologischen Wissenschaften beginnt es schon seit langem gehörig zu ziehen. Der unvoreingenommene Wind der Erkenntnis pfeift durch sämtliche Gelehrtenstuben und der sprichwörtliche Mief unter den Talaren wird gehörig gelüftet. Doch wie bereits erwähnt, ist dies ein Preis, den auch die Wissenschaft zu entrichten hat, wenn sich nur verkrusteten Strukturen und Gewohnheiten hingegeben wird.

Die Paläontologie, die sich vorrangig mit der Menschwerdung im Speziellen und dem Werdegang des Lebens im Allgemeinen befasst, ist eigentlich eine recht junge Wissenschaft. Vom griechischen Wort „palaios" – „alt" und „onto" – „das Seiende" ist sie die Wissenschaft und Lehre von der Evolution pflanzlicher und tierischer Organismen früherer geologischer Perioden. Die anfängliche Versteinerungskunde und Ausgrabungskunde (nicht zu verwechseln mit der Archäologie) avancierte recht schnell zu einer angesehenen Wissenschaft und wird seit etwa 1835 nach wissenschaftlichen Kriterien und Strukturen ausgeübt. Ihr regulärer Begründer war der französische Naturforscher Georges Cuvier (1769 – 1832). Als interdisziplinäre Wissenschaft versteht sie sich als eine Art Drehachse zwischen Biologie, Anthropologie und Geologie. Teilgebiete der Paläontologie sind z. B. Die Paläozoologie, die sich mit Tieren befasst, die Paläoanthropologie, die die Stammesgeschichte des

Menschen erforscht und die Palöobotanik, die sich eingehend mit fossilen (versteinerten) Pflanzen beschäftigt. Geobiologische, astrobiologische und auch paläogeographische Fächer runden diese sehr komplexe Wissenschaft ab. Und obwohl vielfältige moderne Untersuchungsmethoden den Forschenden und Lehrenden dieser Wissenschaft zur Verfügung stehen, werden unangenehme Fakten außer Acht gelassen und nach altbewährter Gelehrtentradition erst gar nicht zur Kenntnis genommen oder allenfalls milde belächelt.

Beginnen wir also nun mit einem relativ kurzen Streifzug durch die Entstehungsgeschichte des Menschen. Leider aber, so muss ich schon an dieser Stelle den ersten Einwand erheben, wird es mehr oder weniger nur ein vager Überblick werden. Denn ebenso leider kann ich bei besten Willen nicht mit bestechenden und Klaren Fakten aufwarten. Was sich bei der Durchsicht der Fakten- und Datenlage dem immer mehr verdutzten Rechercheur (also mir) und Leser offenbart, hat tatsächlich schon apokalyptische Eigenschaften. Ich möchte nun hier nicht allzu dramatisch wirken, aber Tatsache ist wieder einmal, dass nichts, aber auch rein gar nichts zusammenpasst. Nichts, aber auch gar nichts ist geklärt. Und, um ganz nüchtern und sachlich zu bleiben, erlaube ich mir vorab schon einmal zu postulieren, dass wir de facto nichts in der Hand haben, was auch nur annähernd die menschliche Entwicklungsgeschichte in ihrem frühen Verlauf erklären könnte. Leider ist dem so.

Der deutsche Biochemiker ***Frederic Vester*** *(23.11.1925 – 2.11.2003) schreibt in seinem Buch „Bausteine der Zukunft", erschienen 1968 bei Fischer Bücherei GmbH in Frankfurt/Main, folgendes Zitat:*

Wie es Rudolf Kinski, der Direktor des Instituts für Gesellschaftswissen - schaften und politische Bildung ausdrückte, ist leider auch die Atmo sphäre an vielen unserer Universitäten und Forschungsstätten noch ein einziger Hohn auf die Verfassungsbestimmung, dass Wissenschaft, Forschung und Lehre frei seien. Denn alle drei sind noch der Allgewalt der Professoren unterworfen, die bei ihren Entscheidungen nicht immer wissenschaftliche Maßstäbe anlegen. Neue Methoden und Ideen werden vielfach abgewürgt, und eine mediokre akademische Lehrerschaft wird herangezüchtet, die ihren Schülern nicht mehr zu sagen hat ...
Der ethische Wert einer Wissenschaft liegt vor allem in ihrer undogmatischen Haltung gegenüber „Wahrheit" und „Irrtum", in dem Bewusstsein, dass Wahrheit ständig sich ändert, weil jede neue Erkenntnis schon wieder den Keim der Metamorphose ihrer selbst in sich trägt.
Max Born, der große Physiker, sagte folgende Worte, die neben ihrer Anklage diese Hoffnung bestätigen: „Die Lockerung des Denkens scheint mir der größte Segen, den die heutige Wissenschaft uns gebracht hat.
Ist doch der Glaube an eine einzige Wahrheit und deren Besitzer zu sein die tiefste Wurzel alles Übels in der Welt."...

Dem kann ich natürlich nichts hinzufügen. Höchstens, dass ich alle Beteiligten aufrufen möchte, dies von ganzem Herzen zu befolgen und anzuwenden. Um wie vieles leichter würde es in der Welt zugehen?!

Als dann. Beginnen wir mit einem lockeren, unvoreingenommenen und bar jeder wissenschaftstheoretischen Knebelung, Streifzug durch die frühen und ersten Anfänge des Menschen. So es denn jemals einen ersten Anfang gegeben haben sollte! Denn, wie bereits erwähnt, weiß ich gar nicht so recht, wo ich überhaupt anfangen soll; denn ein größeres wissenschaftliches Chaos und eine schier unübersichtliche und wenig geordnete Thematik im wissenschaftlichen Gewand findet man sehr selten. Wie schon gesagt, beginnt das traurige Dilemma schon damit, dass ich nicht einmal in der Lage bin, einigermaßen gesicherte Angaben über das eigentliche Alter des Menschen zu machen. War unser Prototyp nun der sog. Homo erectus, der schon aufrecht gehende Frühmensch, welcher vor ca. zwei Mio. Jahren sein Dasein gefristet haben soll; oder war es doch der Cro-Magnon-Mensch, der sich vor rd. 120.000 Jahren vom afrikanischen Kontinent anschickte, den heutigen Homo sapiens zu kreieren? Niemand weiß es; und dennoch brüstet man sich damit, als wäre es gesichertes Wissen. Doch weit gefehlt. Teilweise ist nach Sichtung der Fakten für mich als juristischen Laien schon fast der Rechtsbegriff der arglistigen Täuschung anzuwenden. Denn das, was sich die Wissenschaft hier erdreistet zu behaupten, kommt dem meines Erachtens schon ziemlich nahe.

Im Jahre 1979 wurden in Laetoli, im afrikanischen Tansania Fußabdrücke in ca. 3,6 Mio. Jahren alter Ascheablagerungen gefunden. Nach genauer Sichtung und Analyse der Abdrücke kamen die damaligen Wissenschaftler, speziell um die englische Archäologin ***Mary Leakey*** *(1913 – 1996), zu dem Ergebnis, dass diese Abdrücke aufgrund ihrer anatomischen Gegebenheiten denen heutiger moderner Menschen in nichts nachstanden. Dummer- und rätselhafter Weise aber* *standen diese Fußabdrücke in krassem Gegensatz zu den ebenfalls 3,6 Mio Jahren alten affenähnlichen Spuren des bis dahin gefundenen Australopithecus, einem Menschenaffen. Jedoch kein Widerspruch für die Wissenschaft. Affe hin, Mensch her: die akademische Stellungnahme ist die für mich gleichsam zynische wie lapidare Behauptung, nämlich „dass man vor einem Rätsel steht". Nachzulesen in der Märzausgabe der Zeitschrift* **Natural History** *aus dem Jahre 1990. Ich weiß nicht wie der momentane aktuelle Stand in dieser Sache ist. Aber es würde mich keinesfalls wundern, dass man nicht noch die Dreistigkeit besitzt und behauptet, Frau Leakey habe die Abdrücke bewusst oder auch nur unbeabsichtigt von ihren eigenen Füßen in den tansanischen Sand gedrückt. Vielleicht wird ja aber auch gesagt, dass der Australopithecus seine eigenen modernisierten Füße in den Sand gesetzt hat, um evolutionären Thesen besser zu entsprechen.*

„Tatsächlich hat sich die Naturwissenschaft an das Kausalitätsdenken derartig fixiert, dass sie kausale Begründungen (pseudokausale oder finale) auch dort formulierte, wo allein die richtige Fragestellung diesen Unsinn hätte verbieten können. Auf die Frage, warum wohl der Giraffe ein so langer Hals gewachsen sei, antwortete sie den Schülern der Zoologie unbeanstandet durch Jahrzehnte: „Damit die Giraffe die Blätter auf den Bäumen erreichen kann." Diese Antwort hat mich als Schüler zu der anderen Fragestellung herausgefordert, warum wohl der Floh so hoch springen kann. Die richtige Antwort in dieser Logik, die mir jedoch kein Lob einbrachte, konnte nur lauten: „Damit er schon vom Knie aus ins Dekollete hüpfen kann." Finales Denken steht nicht im Gegensatz zum Kausalismus, sondern ist eins seiner Resultate. Wie sich im Denken des täglichen Gebrauchs Finales und Kausales mischt, zeigt sich in einer Inschrift, die ich 1959 vor dem Käfig der Streifenhyäne im Frankfurter Zoo fand. Dort steht tatsächlich: „Die abschüssige Rückenlinie ist die Folge eines übermäßig **s***tark enwickelten Vorderteiles".*

*Dieses Zitat wiederum stammt von dem deutschen Redakteur, Lektor und weltberühmten Schriftsteller **C. W. Ceram** (1915 – 1972), mit bürgerlichem Namen **Kurt W. Marek**, der mit seinem 1949 erschienenen Roman der Archäologie „Götter, Gräber und Gelehrte" berühmt wurde. Zu finden ist diese Textpassage in seinem 1962 erschienenen Buch „Provokatorische Notizen".*

Um hier noch einmal auf unsere tansanischen Fußabdrücke zurückzukommen: Wer weiß schon, was für evolutionäre Quantensprünge bereits stattgefunden haben? Warum also auch nicht beim alten Australopithecus, der podologisch gesehen dem modernen Menschen gleichkommt, ansonsten mit seiner Anatomie aber noch seinen äffischen Kollegen ähnelt?! Nein. Spaß beiseite: Ich will nicht hoffen, dass diese oder eine ähnliche These bereits zur Erklärung dient.

Die folgenden Zeilen befassen sich nun mit der sogenannten Evolution, ein bis heute wissenschaftlicher Grundsatz, der bar jeder wissenschaftlichen Grundlage ist und als vordergründiges Argument etwas zu erklären versucht, was nicht zu erklären ist. Deswegen und darum beschränke ich mich hier nur auf das Wesentliche, um diese eigentlich obsolete Theorie zu erklären. Wie bereits erwähnt, war es Charles Darwin, der diesen völlig haltlosen Unfug zunächst aufgrund seiner langjährigen Forschungsreisen glaubte erkannt zu haben und damit eine willkommene Grundlage schuf, auf die sich heute noch die Wissenschaften berufen.

Diesen angeblichen Ausspruch des großen Universalgelehrten ***Leonardo da Vinci*** *(1452 – 1519) kann man daher zum jetzigen Zeitpunkt getrost auf die Evolutionstheorie beziehen und natürlich auch anwenden in ihrer praktischen Umsetzung. Um was geht es aber nun in der Theorie der Evolution?*

Als der tüchtige Darwin seine Ansichten über die Evolution zu formulieren begann, hatten aber bereits lange Zeit vor ihm andere Gelehrte versucht, die Entwicklung und Artenvielfalt des Lebens zu erklären. Der schon erwähnte Lamarck mit seinen berühmten Giraffenhälsen oder auch der griechische Philosoph ***Anaximander*** *(610 – 550 v. Chr.), der die Entstehung des Menschen aus Fischen erklären wollte, gaben sich große Mühe, dieses Wunder zu erklären. Zu erwähnen wäre in diesem Kontext noch der österreichische Geistliche und Naturforscher* ***Gregor Mendel*** *(1822 – 1884), der mit seinen genetischen Erbsenexperimenten für großes Aufsehen sorgte und somit als Begründer der Erbforschung betrachtet werden kann. Allerdings wollte Mendel nun nicht unbedingt die Ursprünge des Menschen in einer Handvoll Erbsen sehen. Obwohl manche Erbsenzähler dies heute gerne so hätten. Grob gesagt, wollten alle herausfinden, warum wir sind, was wir sind. Und das bezogen auf alles, was kreucht und fleucht. Und noch grober erklärt, wollte Darwin samt* *seinen Zeitgenossen erkannt haben, dass bestimmte Merkmale einer Spezies, so sie dem Überleben dienlich ist, durch Veränderung, durch Mutation, weiter vererbt werden. Hinzu kommen noch Momente der sogenannten natürlichen Selektion, der Auslese, das Moment des Zufalls und Erkenntnisse der modernen Genetik.*

Und schwuppdiwupp ist erklärt, was nicht zu erklären ist! Um noch etwas ins Detail zu gehen, muss ich den Leser mit einigen Begriffen der Evolutionstheorie bekannt machen, damit es nicht wieder heißt, man hätte nur oberflächlich gearbeitet. Ganz allgemein zählen hierzu Begriffe wie die synthetische Evolutionstheorie, oder auch die sog. Deszendenztheorie, nach der alles Leben auf einen Prototypen, einer Urform, zurückgeht.

So wird denn von Generation zu Generation und nochmals von Generationen zu Generationen weitergegeben, was denn letztendlich eine Spezies für ihr Überleben benötigt oder auch nicht. Durch Mutation und Rekombination, Anpassungsselektion, Zufallsselektion (Gendrift), Migration (Genfluss) und Isolation soll schließlich unsere jetzige Kultur bzw. der Jetzt-Mensch entstanden sein. Hierzu Beispiele: Wale, bevor sie dann zu Meeressäugern wurden, hatten einen an Land lebenden Vorfahren. Dieser wiederum sagte sich eines Tages unter Inklusion seiner neuronalen Hirnverknüpfungen, dass es aus diesen und jenen Gründen wohl besser sei, im Wasser zu leben, statt an Land. Gedacht, getan. Nach ein paar Generationen war es dann soweit. Anstelle von Beinen waren plötzlich

Flossen vorhanden und alles andere, was solch ein imposantes Tier auszeichnet, und schon stand dem Leben im Meere nichts mehr entgegen. Unser bis dato unbekannter Vorfahre, noch in gebückter Haltung oder wie auch immer dahertrabend, sagte sich eines Tages, ebenfalls nach reiflicher cerebraler Strukturierung, dass es wohl besser sei im aufrechten Gang durch die Flora und Fauna der Urzeit zu wandeln, da man ja so alles besser überblicken könnte.

Gedacht, getan. Statt wie ein an Morbus Bechterew Erkrankter durch die Steppen zu rennen, wurde nunmehr preußischer Stechschritt daraus. So einfach war das!! Der Homo erectus wiederum sagte sich dann eines Tages, dass es ja vielleicht nicht unbedingt von Nachteil sein müsse, zukünftig wie seine gefiederten Freunde, am Himmelszelt durch die Lüfte brausen zu können! Aus sehr zweck – dienlichen und der Spezies überaus hilfreichen Gründen. Doch bis zum heutigen Jahre 2013 scheint sich nach meinem Dafürhalten in dieser Richtung nicht allzu viel zu bewegen. Ich jedenfalls habe bei mir persönlich noch keine Ansätze von Flügelwachstum beobachten können, obschon mehr als genug Generationen seitdem verstrichen sind. Nein, jetzt bitte Spaß beiseite. Und dennoch werden die von mir gemachten Ausführungen so oder so ähnlich als Argumentationshilfe für die Entwicklung des Lebens herangezogen.

Ein Ableger der traditionellen Evolutionstheorie ist die sog. Frankfurter Evolutionstheorie der dortigen Senckenberg-Forschung. Hiernach werden beispielsweise

Organismen in ihrer Konstruktionsmorphologie faktisch als hydraulische Konstrukte betrachtet, die bestimmtem Organisationsprozessen unterliegen, sich der Umwelt anpassen und nach der Evolution irreversibel, also nicht wieder rückgängig zu machen ist. Schließlich und letztendlich ist dann nach dieser Theorie in der Evolution nur das möglich, was die organisationsinternen Strukturen der Organismen nach ihren Ordnungsgrundsätzen zulassen. Puh, das muss man erst mal sacken lassen und genüsslich auf der Zunge seinen Geschmacksknospen mitteilen. Aber mit etwas gutem Willem, und vor allen Dingen weniger schwülstig, kann man das Ganze auch anders ausdrücken: Ausgestattet mit einer bestimmten Form, einer Morphologie, fungieren Organismen praktisch als wandelnde Flüssigkeitsbehälter, die gewissen Gesetzmäßigkeiten und Prinzipien unterliegen und natürlich keine Bäume in den Himmel wachsen lassen. Noch anders ausgedrückt: zwei oder drei Flüssigkeitsansammlungen in einem Organismus genügen, und schon beginnen wir uns zu entwickeln, die Evolution kann starten. Aha. Gut, ein Floh wird kaum ein Elefant werden wollen (warum eigentlich nicht?), da ihm das ja seine innere Gesetzmäßigkeit verbietet; aber der Australopithecus, der schon mit einigen Litern an Wasser, Blut und Lymphe ausgestattet war, hatte da günstigere Voraussetzungen?! Doch plötzlich kam mir beim Schreiben, dank der evolutionären Gesetzmäßigkeiten, eine Idee: Des Rätsels Lösung liegt im Wasser! Heureka, ich hab`s: Da alle

Organismen fast nur aus Wasser bestehen, und Wasser schlechthin als Urstoff des Lebens gilt, braucht es nur eine Hülle und schon fährt der evolutionäre Express unaufhaltsam durch die Urzeiten. Allein dem Wasser obliegt die Entstehung des Lebens. Es trägt alle Informationen in sich und konzipiert dann alles! Und wie beim 1519 stattgefundenen Hornberger Schießen wird erstmal drauflos strukturiert und organisiert was das Zeug hält, um dann festzustellen, dass doch so richtig nichts zusammenpasst?! Errare humanum est.

Und dabei möchte ich es auch an dieser Stelle belassen!

„Es scheint mir, dass der Versuch der Natur, auf dieser Erde ein denkendes Wesen vorzubringen, gescheitert ist, denn in diesem Wesen sind tierische Instinkte mit intellektuellen Kräften so unheilvoll vermischt, dass die Mischung nicht mehr unter Kontrolle gehalten werden kann."

Max Born

Und weiter geht's mit schnellen Schritten durch die unheilvolle Geschichte der evolutionären Mythen. Als der Vater aller Vögel, der Urvogel Archäopteryx 1861 erstmals gefunden wurde, hatte der noch neben Reptilienschuppen schöne normal ausgebildete Federn in seinem Gefieder, obwohl hier auch schon wieder Millionen von Jahren Zeit gewesen wäre, aus dem schuppenbesetzten Urvogel einen schönen weiß gefiederten Schwan zu machen. Doch mitnichten. Denn an irgendwelchen dubiosen inneren Struktur und Organisationskriterien kann es ihm ja nicht gemangelt haben. Kurioserweise verschwand der Vogel dann doch ziemlich abrupt und schnell vom Catwalk der evolutionären Träume. Oder nehmen wir seinen Kollegen aus der Abteilung Fische, den Quasten – flossler oder auch „Hohlstachler" genannt. Lange betrachtet als möglicher Urahn der Landwirbeltiere, galt er sogar für eine Zeitlang als Vorfahre des Menschen. Nach fossilen Funden soll der robuste Fisch vor etwa 400 Mio. Jahren durch die praesintflutlichen Ozeane *geschwommen sein, bis er dann vor rd. 65 Mio. Jahren, zusammen mit den Dinosauriern, abrupt von der paläontologischen Bildfläche verschwand. Allerdings wurde er dann im Jahre 1938 recht munter und wenig verstaubt vor der Küste Südafrikas gesichtet. Da der Quastenflossler ein partiell verknöchertes und mit Muskulatur versehenes Skelett der Brust- und Bauchflossen aufweist, wurde recht schnell von wissenschaftlicher Seite großspurig und vorschnell postuliert, dass man nun das fehlende Glied zu den Landwirbeltieren gefunden hätte. Denn demnach konnte sich dieser Superprototyp dank seiner Muskeln auch an Land fortbewegen. Und nun, man lese und staune, wird wissenschaftliche Exaktheit ersetzt durch Mutmaßungen und Eventualitäten. Die heutigen Quastenflossler, sogenannte rezente Arten, haben wohl, so wird vermutet, keine großartige genetische Übereinstimmung mit ihren Urahnen, obwohl sie doch fast so aussehen. Okay, sieht aus wie ein Gorilla, hat identische Verhaltensweisen eines Gorillas, bevorzugt dieselbe Nahrung, hat dasselbe Sozialgefüge und artikuliert sich wie ein Gorilla; ist aber kein Gorilla, da er eben ein Pavian ist. Aha ...Der Quastenflossler verfügt auch über ein rudimentäres, quasi lungenähnliches Organ, so wie seine Kumpel aus der Riege der Lungenfische, das als Indiz gilt für seine Affinität, einmal an Land zu wollen. So so ...Denn aus seinen knöchernen Bauchflossen sollten sich dann die Gliedmaßen der Landwirbeltiere entwickelt haben.*

Oh nein, Entschuldigung, diesen evolutionären Übergang, so die Wissenschaft, hat dann wohl doch der Lungenfisch übernommen. Bei so vielen Vermutungen, Indizien und Analogien zu anderen Tieren lasse ich den Quastenflossler dann doch lieber seine Bahnen in den unendlichen Weiten der Ozeane ziehen, würde mich aber auch sehr freuen, wenn ich einst ein Exemplar durch die Stadt gehen sehen würde. Mit Verlaub.

Der Gedanke, dass Menschen bereits vor Jahrmillionen auf der Erde wandelten und nicht erst seit relativ kurzer Zeit, ist fast so alt wie die paläontologische Wissenschaft.

Im Jahre 1845 wurden in Sansan, Südfrankreich, Knochenfragmente des *Pliopithecus gefunden, einer Primatengattung bescheidener Größe, die als Vorläufer der heutigen Gibbon-Affen zählen und im Miozän gelebt haben sollen.* ***Edourad Armant Lartet*** *(15.4.1801 – 28.1.1871), ein französischer Jurist und Urzeitforscher vermerkte über seinen Fund folgendes:*

„Auf diesem Stück Erde lebten einst Säugetiere, die auf einer viel höhern Stufe standen, als jene, die es heute gibt .. Verschiedene Stufen der Rangleiter tierischen Lebens waren hier vertreten, bis hinauf zum Menschenaffen. Eine höhere Form, die menschliche Art, ist nicht gefunden worden ... von ihrer Abwesenheit in diesen frühen Schichten dürfen wir jedoch nicht voreilig darauf schließen, dass sie nicht existierte ...“

(M.Boule und H.V. Vallois 1957 Fossil Men London)

Im Jahre 1912 erschien im The Geological Magazine ein Bericht des Geistlichen, Geophysikers und Geologen **Osmond Fisher** *(1817 – 1914). Das Mitglied der Geologischen Gesellschaft von London und des Kings College London, der auch seine mathematischen Kenntnisse in die Wissenschaften einbezog, hatte eine interessante Beobachtung getätigt, die aber wieder sehr schnell im Meer des wissenschaftlichen Vergessens verschwand:*

„Als ich bei Barton Cliff (bei Hampshire, England. Der Verfasser) nach Fossilien aus dem Eozän grub, fand ich einen Gegenstand aus einer gagatähnlichen Substanz, der an die 9 ½ Zoll (24 cm) im Quadrat maß und 2 ½ Zoll (6,5 cm) dick war. Zumindest auf einer Seite waren, wie mir schien, noch die Spuren des Behaus sichtbar, der ihm die so gut wie quadratische Form gegeben hatte. Das Stück befindet sich jetzt im Sedgwick Museum in Cambridge.“

Wenn Mister Fisher hier auch eine augenscheinliche Vermutung äußert, so ist doch die Evidenz des Zufalls mit anderen Funden bemerkenswert und kann nicht mehr als zufällige Häufung abgetan werden.

Als an einem Montag, den 18.8.1887, der französische Theologe und Geistliche ***Abbe L. Bourgeois*** *(28.4.1819 – 19.6.1878) seinen hauptamtlich tätigen Kollegen des Pariser Kongresses für Archäologie und prähistorische Anthropologie seine Entdeckung vorlegte, ahnten wahrscheinlich nur wenige Anwesende die Dimension, die diese Entdeckung angenommen hätte, wäre sie denn nur richtig gewürdigt worden. Denn das, was der redliche Priester bei Grabungsarbeiten in der südwestlich von Paris an der schönen Loire gelegenen Stadt Orleans gemacht hatte, müsste auch der berühmten Tochter der Stadt, Jeanne d`Arc, gefallen haben. Auch wenn dieser Fund alles andere als jungfräulich war. Der seriöse Theologe, der sich neben seinem Gott schon seit Jahrzehnten eben auch mit handfesteren archäologischen Themen befasste, tischte den staunenden Mitstreitern Feuersteingeräte auf, die ins frühe Miozän oder auch ins Oligozän datiert wurden. Neben diesen Feuersteingeräten, die später experimentell bestätigt wurden, konnte der tüchtige Bourgeois auch mit anderen Werkzeugen aufwarten, die er in der gleichen Kalksteinformation gefunden hatte, wie eben jene Feuersteingeräte. So fand er neben Bohrwerkzeugen und Klingen auch Schaber, die Spuren menschlicher Bearbeitung aufwiesen. Dass aber Werkzeuge, die ein Alter von rund 25 Mio. Jahren haben sollten, passte selbstverständlich nicht in die menschliche evolutionäre Mär und wären wohl lieber wieder in ihr kühles Kalksteinbett zurück verfrachtet worden. Doch dazu war* *es zu spät. Lange Zeit standen die Funde des Abbe im Mittelpunkt wissenschaftlicher Streitigkeiten, wobei dann aber die positiven Gutachten überwiegten. Natürlich steht auch nach wie vor die Meinung im Raume, ein äffischer Vorfahre hätte dies alles fabriziert. Allerdings möchte ich hier den Einwand erheben, noch keinen OrangUtang oder Gorilla gesehen zu haben, der sich mittels Feuersteingerätenein pflauschiges Lagerfeuer bereitet hat. Oder doch?*

***Prof W. G. Burroughs**, Chefgeologe am Berea College im U.S. Bundesstaat Kentucky berichtet von einem Fund menschenähnlicher Fußabdrücke, die letztlich einem Alter von 300 Mio. Jahren entsprechen würden. Der in einem Museeum verewigte Wissenschaftler schreibt dann auch in seinem rd. 70 Jahre alten Bericht von ...*

„ ... Geschöpfen, die zu Beginn des Oberen Kohlezeitalters auf ihren zwei Beinen gingen, mit Füßen, die menschlichenähnlich waren, und auf einem Sandstrand im Rockcastle County, Kentucky, Spuren hinterlassen haben. Es war die Zeit der Amphibien, in der die Tiere sich auf vier Beinen vorwärts bewegten oder – seltener – vorwärtshoppelten und Füße hatten, die keineswegs an menschliche erinnerten. Aber in Rockcastle, Jackson und mehreren anderen Countys in Kentucky, sowie an verschiedenen Stellen zwischen Pennsylvania und Missouri, existierten Geschöpfe mit Füßen, deren Erscheinungsbild auf seltsame Weise an Füße von Menschen gemahnt, und die auf zwei Hinterbeinen gingen. Der Verfasser dieser Zeilen hat die Existens dieser Geschöpfe in Kentucky nachgewiesen. Durch die Mitarbeit von Dr. C. W. Gilmore, dem Kustus der Abteilung für Paläontologie der Wirbeltiere an der Smithsonian Institution, konnte gezeigt werden, dass ähnliche Wesen auch in Pennsylvania und Missouri lebten ...

Die Fußspuren haben sich in die waagerechte Oberfläche harten und massiven grauen Sandsteins auf der O-Finnell-Farm eingedrückt. Es gibt drei Paare von Abdrücken mit linken und rechten Füßen ... Jeder Fußabdruck weist fünf Zehen und einen deutlichen Spann auf. Die Zehen sind gespreizt, wie bei einem Menschen, der nie Schuhe getragen hat ... Die Sandkörner auf den Abdrücken liegen enger beieinander als die Sandkörner des Felsens unmittelbar außerhalb der Fußspuren, was auf den Druck zurückgeht, den die Füße des Geschöpfs auf den Untergrund ausübten. Am dichtesten liegen die Sandkörner an der Ferse, doch selbst unter dem Spann sind sie noch näher zusammengerückt als außerhalb desAbdrucks ... Der Druck auf die Ferse war natürlich größer als auf dem Vorderfuß.“

*Dass Prof. Burroughs sich mit seiner Theorie der vorzeitlichen Menschen in bester Gesellschaft befindet, kann man auch an den Äußerungen seines akademischen Kollegen **Max Verworn** sehen.*

Der deutsche Physiologe (1863 – 1921), welcher sich wissenschaftlich und hauptberuflich mit den natürlichen Funktionen der menschlichen Zellen befasste, hatte auch eine große Passion für das Gebiet der prähistorischen Archäologie. Ganz unumwunden bemerkte dann auch dieser charismatische Wissenschaftler, dass es bereits Menschen zu einer Zeit gegeben haben musste, zu der uns die Schulwissenschaft allenfalls das Entwicklungsstadium eines Froschlurchen zubilligen würde. Prof. Verworn war nun nicht irgendein wissenschaftlicher Freidenker und aufmüpfiger Rebell, sondern ein durch und durch vehementer Verfechter der darwinschen Evolutionstheorie, der dennoch das Attribut der Unvoreingenommenheit und absoluten Objektivität bewahrte. So schreibt Verworn dann auch in einem 1905 erschienenen Bericht:

„Die Tatsache, dass die aufgefundenen Skeletteile des Menschen uns unsere pleistozänen Vorfahren im Wesentlichen bereits auf unserer jetzigen morphologischen Entwicklungsstufe zeigen, der auf dem Boden der Evolution steht, höchst wahrscheinlich machen, dass die Anfänge der Entwicklung unseres Geschlechts und seiner spezifisch menschlichen Charaktere weit über das Pleistozän zurükkreichen, mindest bis in dieTertiärzeit hinein ."

Eine solche Äußerung würde heutzutage in den wissenschaftlichen Gestühlen ein merkliches Hin- und Herrücken verursachen, trotz aller Selbstbekundungen der wissenschaftlichen Freiheit und Toleranz. Allerdings beruhigt der weitsichtige Verworn seine irritierten Kollegen sofort mit einer Relativierung seiner Äußerung, die aber zeigt, das neuartige Entdeckungen und starre wissenschaftstheoretische Regeln sich nicht unbedingt gegenseitig aufheben.

Verworn schreibt weiter in seinem Bericht:

„Trotz dieser theoretischen Forderung der Naturforschung ist die moderne Wissenschaft nur sehr zögernd an die Frage nach dem tertiären Menschen herangetreten und hat sich allen Angaben über die Spuren desselben außerordentlich mißtrauisch gegenübergestellt.

Durchaus mit Recht, denn in aller wahren Wissenschaft muss jede Erkenntnis *erst das Feuer des Zweifels passiert haben, ehe sie Anerkennung finden darf.“*

Nun war Verworn aber kein bloßer Theoretiker, sondern auch ein handfester Praktiker, der sein Wissen durch unzählige Ausgrabungen und Untersuchungen erwarb, beispielsweise durch Funde von Feuersteingeräten und Schaber wie schon sein Kollege Bourgeois. Nach ausführlicher Darstellung seiner wissenschaftlichen Methodologie und *Arbeitsauffassung kommt der Wissenschaftler in seinem Bericht dann zu folgendem Schluss:*

„Finde ich in einer interglazialen Geröllschicht einen Feuerstein, an dem eine deutliche Schlagbeule zu sehen ist, sonst aber kein weiters Symptom absichtlicher Bearbeitung, so werde ich zweifelhaft sein, ob ich ein menschliches Manufakt vor mir habe. Finde ich dagegen einen Feuerstein, der auf der einen Seite die typischen Schlagerscheinungen zeigt und der auf der Rückseite noch die Negative von zwei, drei, vier anderen, in der gleichen Richtung abgesprengten Abschlägen trägt, befinden sich ferner an einer Kante des Stückes zahlreiche, parallel nebeneinander verlaufende kleine Schlagmarken, die alle ohne Ausnahme von der gleichen Seite des Randes her abgeschlagen sind, erscheinen schließlich die übrigen Kanten des Stückes vollkommen haarscharf ohne eine Spur von Schlagmarken oder Spuren der Abrollung, dann kann ich mit unerschütterlicher Sicherheit sagen: Es ist ein ManufaktDerartige völlig einwandfreie Stücke habe ich nun in größerer Zahl am Puy de Boudieu eigenhändig aus der ungestörten Schicht entnommen . Damit ist der unerschütterliche Beweis für die Existenz von feuersteinschlagenden Wesen im Ausgang der Miozänzeit geliefert."

Immer wieder werden die sogenannten Paluxy-River-Spuren erwähnt, die ein schlagendes Indiz für die Unhaltbarkeit der Evolutionstheorie sein sollen. Neben Dinosaurierspuren wurden in diesem Flussbett nahe der Stadt Glen Rose im U.S. Bundesstaat Texas, auch angeblich menschliche Fußabdrücke gefunden, die sich synchron zu den Dinospuren verewigt haben sollen. Es ist hier aber nicht meine Aufgabe, ein Statement zu diesem

Thema abzugeben. Hier zeigt sich massiv eine Unübersichtlichkeit, die ich nicht einzuordnen vermag. Liegen Fälschungen vor oder nicht? Gibt es doch einzelne menschliche Fußabdrücke, die authentisch sind? Der Leser möge sich mit diesem Thema befassen und sich ein eigenes Urteil bilden. Wie bereits erwähnt, ist es die Intention dieses Buches, nur ganz bestimmte Themengebiete darzustellen, die als angeblich widerlegt gelten. Die Selektion dieser Themen erfolgte von mir rein zufällig und sagt nichts über deren Stellenwert aus. Ebenso hätte ich über die weltweiten Höhlen- und Felszeichnungen, Stonehenge und anderes Gestein oder auch über die Piri-Reis-Weltkarte schreiben können. Mir geht es nur darum, anhand exemplarischer Themen nach wie vor deren Existenzberechtigung zu erläutern.

Die Dinosaurier
oder
Schwänzchen hoch , Schwänzchen runter

" Nichts ist so bequem als etwas zu glauben, das ein anderer meint, und dieser hat seine Meinung gewöhnlich auch nur vom Hörensagen"

Diesen Aphorismus des romantischen Dichters und Shakespeare-Übersetzers Ludwig Tieck (1773 - 1853) würde ich ganz salopp und ohne Schamesröte als philosophische und praktische Basis der Wissenschaftsentstehung bezeichnen, sozusagen das wissenschaftstheoretische Axiom eines Wissen schaffenden Systemes.
Und ganz salopp und infantil kann sich jedermann (und Frau) fragen, wie denn überhaupt eine Wissenschaft entstehen konnte ? Durch Neugier ? Sicherlich!!
Durch Beobachten ? Natürlich !! Durch Fragen stellen ? Allemal !!
Durch nachprüfen ? Manchmal ja !! Durch kritisches hinterfragen ? Hin und wieder !! Durch selbstständiges Nachdenken ? In den Anfängen ja !! Aus Liebe zur Wahrheit ? Später nicht mehr !!
Diese sieben Fragen genügen und genügten meiner Ansicht nach um eine Wissenschaft zu begründen.
Wer aber nun in diesen sieben Fragen oder der Zahl sieben eine Verbindung zu den sieben Weisen des

Altertums sieht oder gar eine Beziehung zu den ehemaligen sieben Weltwundern herstellen möchte, oder gar eine Verbindung zu den sieben Gaben des Heiligen Geistes sehen möchte, mag das tun. Dennoch wäre es reiner Zufall und von mir am allerwenigsten beabsichtigt. Aber Spaß beiseite: der heutige Wissenschaftsbetrieb erscheint eher nebulös und wenig transparent. Trotz strafferer Studienreformen und wohl auch gut gemeinten Änderungen die aber fatalerweise genau das Gegenteil bewirken. Statt studieren wird auswendig gelernt für Klausuren und Scheine. Der Lernstoff ist immens, die Zeit dafür umso geringer. Unzählige erstqualifizierte verlassen als Bachelor ihre Alma mater; das Masterstudium steht dann längst nicht allen offen .Da wundert es kaum das Wissenschaft immer noch nicht die Freiheit des Geistes fördern kann oder will ?

Ex cathedra wird größtenteils heute noch doziert, was die Alten sungen.

Das alte, orthodoxe, hat seinen starren Platz. Wissenschaftliche Publikationen werden gemacht, ohne das man von ihnen dann jemals wieder etwas hört, geschweige denn liest. Trotz des schon erwähnten Bologna-Prozesses sind durchschlagende Neuerungen in der Welt der Wissenschaft Fehlanzeige.

Der britische Philosoph, Mathematiker und Literatur-Nobelpreisträger ***Bertrand Russel*** *(1872 - 1970) schreibt in seinem 1953 erschienenen Buch The Impact of Science on Society (Wissenschaft wandelt das Leben) eine Passage, die ich persönlich als Grundsatz sehen* *würde, wie manche wissenschaftlichen Erkenntnisse zu* sehen *sind.*

Zitat: Die meisten von uns glauben noch an viele Dinge, die jeder Grundlage entbehren und von denen lediglich die Alten behaupteten, daß dem so sei.
Man hat mir immer erzählt, Strauße fräßen Nägel; ich habe mich zwar darüber gewundert, wo die Sträuße im Busch die Nägel herbekommen, aber nie kam mir der Gedanke, die Geschichte anzuzweifeln. Schließlich entdeckte ich, daß sie von Plinius stammt und platterdings unwahr ist.
Manches wird geglaubt, weil die Leute gefühlsmäßig meinen, es müsse einfach so sein.
In solchen Fällen ist ein erheblicher Aufwand an Beweisen vonnöten, um den Glauben auszurotten. So steht es z.B mit den Schwangerschaftserlebnissen.
Hat die Mutter, so heißt es, während der Schwangerschaft irgendeinen merkwürdigen Eindruck, dann wirkt sich dies auf das Kind aus.
Es gibt biblische Belege für diese Vorstellung; der Leser wird sich daran erinnern, wie Jakob zu seinen gesprenkelten Herden kam.

Man frage doch nur eine beliebige Frau..und man wird mit Einzelheiten überschüttet werden, die diesen Aberglauben beweisen sollen.

" Aber bitte sehr, Frau Meier zum Beispiel. Frau Meier hat einen Fuchs in der Falle gesehen und- natürlich bekam sie ein Kind mit einer Fuchspfote."
Wenn man dann fragt: " Kennen Sie Frau Meier ? "- dann heißt es: " Nein, aber meine Freundin, Frau Schulze, kennt sie."
Ist man hartnäckig und fragt Frau Schulze, dann sagt die : " Ach nein, ich kenne Frau Meier nicht, aber Frau Müller, die kennt sie."
Man könnte sein Leben lang hinter dieser Frau Meier her sein, aber nie würde man sie zu fassen bekommen. Sie ist ein Mythos.

Langsam aber sicher nähern wir uns nun den bereits oft zitierten Steinen von Ica.
Vorher aber muß ich noch einen kleinen " Schlencker " zu den Dinosauriern machen, die ja bei den peruanischen Steinfunden u.a. eine besondere Rolle spielen.
Dinosaurier- Wer denkt da nicht an Filme wie "Jurassic-Park " oder " Reise zum Mittelpunkt der Erde ", die diese imposanten Geschöpfe in Ihrer schier unendlichen Artenvielfalt darstellen und in thrillermäßiger filmischer Umsetzung teils als blutrünstige und menschenfressende Untiere zeigen ?
Es ist schon eigenartig, das Dinos und Menschen in Filmen zusammen gezeigt werden . Sollte dies schon , wenn auch zugegebenermaßen ein unbewußter Hinweis darauf sein, das diese Begegnungen der besonderen Art auch schon in der Realität stattgefunden haben sollen ?
Als im Jahre 1841 der englische Wissenschaftler ***Sir Richard Owen*** *(1804-1892) den Begriff " Dinosaurier " prägte und diese Taxonomie in die Wissenschaft einführte, waren erst rd. ein gutes Dutzend dieser " schrecklichen Echsen " bekannt geworden.*
Heutzutage sind weit über 500 verschiedene Dino-Arten beschrieben, von geschätzten mehreren tausenden, von denen aber längst nicht alle als fossile Versteinerungen überliefert sind. Übrigens: das mit den Versteinerungen pflanzlicher oder tierischer Organismen hat auch so seine Erklärungsnöte. Aber dies nur am Rande.
Und eigentlich könnte ich es an dieser Stelle wieder einmal rein theoretisch mit der Beschreibung dieser Tiere

belassen, da natürlich auch wieder einmal nichts konkretes vorliegt.

Auch wenn es den Anschein erweckt ob der umfangreichen Literatur zu dieser Thematik. Dem ist so!! Was ich gleich noch anführe und ausführe ist reine Spekulation, Vermutung und Annahme. Exakte wissenschaftliche Angaben sind nicht vorhanden .

Es wird geraten und vermutet was die wenigen Dinoknochen und sonstige Spuren , die man gefunden hat hergeben.

Ob Tyrannosaurus Rex, Diplodocus hallorum oder sein mächtiger Kollege Sauropodus: So ganz genaues weiß man nicht. Die Palette reicht von tonnenschweren Tieren bis wenige Kilo wiegenden Exemplaren.

Zwar könnte der bekannte T. rex ca. 12 m. lang gewesen sein; andere Skelettfunde lassen aber auch vermuten, das es noch größere Tiere dieser Gattung gab.

Und deshalb wage ich es schon an dieser Stelle zu behaupten, das sich die spekulativen Theorien hier an diesen Beispielen der etablierten wissenschaftlichen Forschung gegenüber denen der PSH-Theorie mindestens verdoppelt haben. Aber wie immer ist diese mathematisch-statistische Aussage meinerseits ohne Gewähr zu sehen.

Was mir persönlich aber nun an unglaublicher Dreistigkeit noch nicht untergekommen ist, bezieht sich auf die pure Behauptung, das Dinosaurier entgegen der früheren Lehrmeinung , ihre mehr oder weniger mächtigen Schwänze nicht über den Boden geschliffen

haben sollen, sondern waagerecht gehalten haben müssten.
Ein vorzüglicher Schachzug der von vornherein elegant alle Zweifel vom Tisch fegt die da sagen könnten, daß Dinos und Menschen zumindest auf überlieferten gravierten Steinen , zusammen über diesen wunderbaren Planeten gegangen sein könnten.
Denn das würde auf die Steine von Ica aber auch auf andere Funde zutreffen.
Wohl deshalb geht die Forschung heute dahin und behauptet, das Saurier eben nicht hochaufgerichtet mit hängendem Schwanz, sondern eben in waagerechter Positon und hochgehaltenem Schwanz durch die prähistorischen Landschaften wandelten .
Nicht zuletzt auch deswegen, so die Meinung, weil sonst die Blutzirkulation bei diesen Tieren nicht optimal funktioniert haben könnte.
Dies ist natürlich völliger Unsinn wie man z.B. an Giraffen unschwer feststellen kann.
Die physiologische Blutzirkulation wird in Organismen u.a. durch Blutgefäßklappen geregelt, die ein zurückfließen des Blutes verhindern; dies geschieht vorrangig im venösen System, welches das Blut zum Herzen zurücktransportiert.
Im arteriellen System, das für die ausreichende Versorgung des Körpers mit Blut zuständig ist, geschiet dies überwiegend durch den Blutdruck und durch Muskelschichten in den Arteriengefäßen. und das zunächst unabhängig von irgendeiner Körperhaltung.

Doch die orthopädischen Dinoforscher gehen noch einen Schritt weiter als Ihre Kollegen der Abteilung Hämodynamik. Nicht nur, das die Gesetze der Hebelwirkung bei waagerecht laufenden Dinosauriern zu größten Problemen am übrigen Skelettsystem geführt hätten, müßten die armen Tiere auch noch orthostatische Probleme in Form von Gleichgewichtsstörungen gehabt haben. Massive Überbelastung durch eine solche Körperhaltung hätte zu katastrophalen Veränderungen der Wirbelsäule und anderen Knochen geführt. Da wäre ein Hexenschuss noch das kleinere Übel gewesen!! Und außerdem: warum sollten vierbeinige Riesenechsen ohne rudimentäre Vorderläufe mit hoch erhobenem Schwanz herumlaufen. Jede Kuh und jeder Elefant und selbst Giraffen haben hängende Körperenden. Ich habe jedenfalls noch kein Pferd gesehen, das ständig mit waagerechtem Schweif durch die Gegend galoppiert.

Man stelle sich einen ausgewachsenen über 12 m. Großen T. Rex einmal in einer solchen Position vor: Der arme Kerl wäre bei der kleinsten Bodenunebenheit zu Fall gekommen.

So denke ich, das unsere Dinosaurier mit diesen kleinen biophysikalischen und orthopädischen Einwänden mit hocherhobenem Haupt und durchweg stolz geschwellter Brust daher trabten und nicht steif und starr wie ein Brett auf vier Beinen dahin stampften.

Riesenechse der Vorzeit. Hoch aufgerichtete Körper mit hängendem Schwanz oder daherkommend wie ein Brett auf Beinen ?

Bild Dinosaurier
https://www.google.de/search
q=dinosaurier&client=firefox

Die " schrecklichen Echsen ", wie die griechische Übersetzung für Dinosaurier lautet, lebten wohl in einem Zeitraum von vor ca. 250 mio. Jahren bis rd. 65 mio. Jahren.
Es mag schon zu Anfang einiges Staunen bereiten, wenn man die ungeheure Artenvielfalt dieser Tiere betrachtet und sie in Relation setzt zur evolutionären These.
Die schier unermeßlich anmutende Anzahl der einzelnen Arten, Unterarten und Gattungen läßt die Omnipotenz und geradezu grenzenlose Kreativität der Natur erahnen: so sie denn tatsächlich als " Designerin " dieser Tiere gelten soll.

Denn wahrlich in einem Zeitraum von " nur " 180 mio. Jahren , was für " natürlich-evolutionäre " Verhältnisse schon eine relativ kleine Zeitspanne darstellt, sollen Lebewesen, die teilweise die Größe eines mehrstöckigen Wohnhauses erreicht haben sollen und mit Ihrer Länge durchaus einen mittleren Garagenhof hätten ausfüllen können, faktisch aus dem Stand produziert worden sein, um dann durch einen Meteoriteneinschlag oder nur durch schnöde ökologische Veränderung von der phantastischen Landkarte der Evolution zu verschwinden? Und Futtermangel hin, wenig Lebensraum her, billigt die here Wissenschaft der so intelligenten Evolution keinen Neuanfang zu ? Denn bis auf wenige Überlebende verschwanden dann T. rex und Co. recht sang,-und klanglos im Meer der Zeit.
Nun ja, so könnte entgegnet werden, wenn dann aber tatsächlich ein gewaltiger kosmischer Stein die Erde getroffen hat und die Dinos dadurch verschwunden seien ?
Okay, gesetzt der Fall es war so: warum sind dann nicht auch andere Tierarten oder auch ganze Pflanzengattungen vom Rummelplatz der evolutionären Ideen verschwunden ? Hatten diese eine anders geartete evolutionäre Substanz als ihre gewaltigen Co-bewohner ? Wage ich zu bezweifeln !!
Im übrigen hätte die allwissende Evolution bei nicht gefallen ihrer Produkte dieselben dann wieder verschwinden lassen können, nach ein paar Generationen. Oh nein, ich vergaß, Evolution ist ja nach

wissenschaftlicher Ansicht irreversibel, heißt dann wohl auch, das gemachte Fehler weiter strukturiert werden dürfen, oder andersherum ausgedrückt: Wer A sagt muß auch B sagen ? Aber da, so denke ich, beißt sich die wenig stromlinienförmige Theorie der evolutionären Dynamik in ihren eigenen fiktiven Schwanz! Wie man es auch dreht und wendet, ob man den Verstand einsetzt, die Phantasie, oder auch beides: es passt nichts zusammen. Offensichtlich fehlende Kompatibilität wird durch plumpes wissenschaftliches komprimieren und destrukturieren der Fakten passend gemacht!!
Nach dem alten Motto: Weil nicht sein kann, was nicht sein darf werden Theorien über Theorien aufgestellt die so leer sind wie eine aufgerauchte Packung Zigaretten. Nun will und kann ich natürlich nicht behaupten, das jede wissenschaftliche Theorie im allgemeinen, und die paläo-anthropologischen im besonderen nur hohle Phrasen seien unjd jeder Realität entbehren. Das ist nicht meine Absicht. Ganz und gar nicht. Eher im Gegenteil. Solange eine Theorie mit den realen beobachtbaren und evaluierbaren Eckpunkten des zu untersuchenden Objektes eine Kongruenz aufweist, ist alles in Ordnung. Denn das glaube ich sind grundlegende Aspekte wissenschaftlichen Arbeitens. Da aber, wie bereits mehrfach festgestellt, in unseren speziellen Fällen Theorie und Praxis eklatante Differenzen aufweisen muß schleunigst und am besten sofort gehandelt werden.

Ist es schon traurig genug, das in Gesellschaft und Politik Verdummungstendenzen ganz evident zu sehen sind, so ist es ja schon erschreckend festzustellen, das in den Wissenschaften eine eben solcher *Mainstream* zu erkennen ist. Einerseits kein Wunder durch neue Studienbedingungen die beispielsweise durch die sog. Bologna-Reform ins Leben gerufen wurden. War das Studentenleben bis dahin noch rank und frei, konnte man sich noch als Studiosus von den Wissenschaften inspirieren lassen um dann seinen eigenen Weg zu gehen, ist dies seit dieser Reform vorbei.

Statt dessen gibt es ein zwei Klassen Studium. Bis zum Bachelor schafft man es noch, wenn man nur genug Scheinchen und Punkte zusammenklauben kann und ordentlich auswendig gelernt hat. Dann ist man wenigstens ein *akademischer Hilfsarbeiter,* oder bestenfalls eine Art Philosoph: man weiß von jedem etwas, aber eben nicht alles, eben nicht richtig. Genau das was unsere verblödete Kultur auszeichnet. Hat der eifrige Student dann seinen Bachelor in der Tasche und eine gute Zensur seinen gestrengen Professoren auf den staubigen Lehrpulten gelegt, ja dann darf er ein Masterstudium beginnen, jenes Superstudium, das dann erst recht in die Verblödung führt. Streng reglementiert mit noch mehr angeblichem Lernen wird weiteres altes überholtes Wissen gelehrt.

"Die Erkenntnis erschafft erst den Gegenstand, in ihr entsteht er erst, als eine Begriffsbildung zur Logisierung des sinnlich Gegebenen. ... Wissenschaft vermittelt uns überhaupt nicht irgendeine Realität, sondern sie ist eine völlige Neuschöpfung - so wie die Kunst eine solche in einer anderen Art ist. Ihr Inhalt ist eine Gestaltung aus der erlebten Wirklichkeit unter dem Gesichtspunkt einer speziellen Bewertung. Die Realität läßt sich nicht durch Erkenntnis ersetzen, ganz in die Erkenntnis hineinnehmen und Erkenntnis läßt sich nicht restlos in Wirklichkeit auflösen. Erkenntnis und Realität sind immer zweierlei."

VIKTOR KRAFT, Weltbegriff und Erkenntnisbegriff, Leipzig 1912, Seite 156f

Wissenschaft ist nur eines der vielen Kunstprodukte die sich die menschlichen Hirne, oder das was man dafür hält, ausgedacht haben. Alles was Menschen jemals an Einfällen und Ideen hatten ist völlig illusionär und existiert in der Natur nicht.

Das *humanistische Menschenbild*, grob gesagt entstanden durch theologisch-philosophisches Gespinne, existiert nicht. Nur in unseren Köpfen. Da es keine angeborene Moral gibt und schon gar nicht ihre Rechtsnorm der Sitte, dürfen wir uns nicht wundern, das es Menschen gibt, die sich scheinbar darüber hinweg setzen! Und auf was für wackeligen Beinen die Theologie steht wurde schon gezeigt. Denn danach dürfte diese angebliche Wissenschaft allenfalls noch bei einschlägigen Fernkursanbietern unter dem Kurs *Persönlichkeitsbildung* zu finden sein.

"Das Problem der Werte ist vor allem und in erster Linie das Problem der Wertkonflikte. Und dieses Problem kann nicht mit den Mitteln rationaler Erkenntnis gelöst werden. Die Antwort auf die sich hier ergebenden Fragen ist stets ein Urteil, das in letzter Linie von emotionalen Faktoren bestimmt wird und deshalb einen höchst subjektiven Charakter hat. Das heißt, daß es gültig ist für das urteilende Subjekt, und in diesem Sinne relativ."

HANS KELSEN, Was ist Gerechtigkeit?, Wien 1975, Seite 6

Aber zwangsverordnet von Staatswegen müssen wir heute alle Humanisten und Philanthropen sein; auch wenn es das eigene Leben bedroht. Bloß nicht aus der Reihe tanzen. Dann doch lieber mit den Wölfen heulen um nicht sein eigenes verkümmertes Ego zu sehen.

Die abendländische Kultur mit ihrem Dreigestirn *Theologie-Philosophie-Humanismus* mutiert heute zu einem Konglomerat bestehend aus Schwachsinn und völliger Verblödung. Geschürt durch medialen Einfluss mit seinen wohldosierten Nachrichten fürs Volk müssen wir uns alle zu Globalisierung, Menschlichkeit und christlicher Nächstenliebe bekennen.

Müssen wir das wirklich? Müssen wir uns von Kultur,- und Staatswegen so verbiegen das wir unsere Meinungen und Ansichten nur noch wohl formuliert im sozial-adäquaten Design kundtun dürfen?

Wohin die Globalisierung uns führt, kann jeder halbwegs noch nicht Verblödete absehen, Zunehmende Konflikte, ob ethnischer, religiöser oder anders gearteter Couleur , exorbitante Finanzkrisen auf den fast schon kriminell zu nennenden Kapitalmärkten, eine Zerstörung des Planeten Erde durch die Zivilisation mit all ihren Facetten. Wohnraum, Autobahnen,Vergnügungsparks: und ein paar Kilometer weiter sterben Menschen weil sie nichts zu essen haben. Milliarden von Tonnen an Lebensmitteln, die ein gutes Geschäft für die Müllabfuhr darstellen, fallen in diesen übersättigten und deformierten Gesellschaften tagtäglich an: und tausende von Mitmenschen stehen stundenlang vor einer Tafel an, um nicht zu verhungern. Laut statistischem Bundesamt leben momentan in Deutschland rd. 2,5 Mio. Kinder in Armut oder bewegen sich darauf zu: lapidarer Kommentar einer amtierenden Bundeskanzlerin: ***Da werden wir was machen müssen!*** Natürlich müssen wir was machen. (Wer ist hier eigentlich mit Wir gemeint ?)

Fragt sich nur was? Mehr Milliarden in die Verteidigung stecken, die kein Mensch braucht, oder Millionen in dubiose Entwicklungshilfen pumpen, von denen man noch nicht einmal ansatzweise ein Ergebnis sieht. Seit Jahrzehnten fließen Gelder für Entwicklungshilfe: das Ergebnis ist schockierend. Nichts, außer ein paar Wasserbrunnen mehr in Eritrea und ein paar aus Holz gebaute Schulen im Tschad oder im Kongo. Na Klasse!

Und ein Bundesaußenminister hat kein größeres Problem damit, das bloß keine sog. Rechtsextreme in den heiligen Bundestag ziehen. Jenes feine politische Zuhause, das Millionen von Menschen in die Hartz-verarmung getrieben hat und mit ihrer Rentenpolitik arme Rentner vor die Wahl stellt: *Suizid oder Verhungern?*

Aber das macht doch alles nichts. ***Wir schaffen das, wie auch immer !*** *Schwund ist immer dabei und die, die auf der Strecke bleiben; was soll`s ? So die Maxime der Politik!!*

Ist das etwa Humanismus? Jenes Überbleibsel aus den frühen Jahren der Evolution, als es noch darum ging, die eigene Sippe einigermaßen unbeschadet durch die rauhen Landschaften der Prähistorie zu bringen. Übriggeblieben davon ist das oben beschriebene. Ein *pseudohumanistisches Etwas ,* ein im Mantel der sozialen Gerechtigkeit verstecktes brutales Kalkül, ausgedacht von völlig abgestumpften Politikern und ihren Lakaien, sogenannte Politikwissenschaftler und Soziologen, die den Staat und die Gesellschaft lieber als Erziehungsanstalt sehen würden.

Aber mit dem Ergebnis kann man auch so zufrieden sein. Das Volk ist völlig verblödet und fühlt sich in dem kulturellen Sumpf bestehend aus Faulheit, Trägheit und Egoismus äußerst wohl.

Versehen mit einer vierjährigen Garantie nach erfolgter Bundestagswahl , jener Pseudowahl, deren Ergebnis wie man unschwer sehen kann, schon Wochen vor der eigentlichen Wahl feststeht, lässt es sich schön in dem gemächlich dahin plätschernden Gewässer der Blödheit aushalten!

Wie verblödet muß ein Volk sein, dem vorgesäuselt wird, wir hätten fast das Traumziel einer Volkswirtschaft, nämlich Vollbeschäftigung, bei jetzt rd, 2,5 Mio.

Arbeitslosen. Zynischerweise aber nur auf dem sogenannten ersten Arbeitsmarkt.

Das aber auf dem zweiten Arbeitsmarkt, das wären die Bezieher der Almosen des Staates in Form des nach Peter Hartz bezeichneten Hartz 4 Geldes, nochmals ca. 3,5 Mio. Menschen ohne Arbeit sind und hier nur noch verwaltet und sanktioniert werden, wird verschwiegen. Hierzu die nachstehende Statistik.

Gut 5,8 Millionen Menschen erhielten Ende 2015 Gesamtregelleistungen Arbeitslosengeld II/Sozialgeld nach dem Zweiten Buch Sozialgesetzbuch (SGB II „Grundsicherung für Arbeitsuchende"; so genanntes Hartz IV). Das waren 73,1 % aller Empfängerinnen und Empfänger von sozialer Mindestsicherung.
Grundsicherung im Alter und bei Erwerbsminderung nach dem SGB XII „Sozialhilfe" erhielten gut 1,0 Millionen Menschen (13,0 %). Regelleistungen nach dem Asylbewerberleistungsgesetz (AsylbLG) bekamen knapp 1,0 Millionen Menschen (12,2 %).

Quelle: Statistisches Bundesamt. **Aufruf 2016**

Wie infantil mutet es an, wenn von ökologischen Politikern und ihren Parteien eine desolate Ökobilanz präsentiert wird, mit der Androhung, bis zum Jahre 2030 nur noch leise vor sich hin schnurrende Elektroautos auf bundesdeutschen (und welch größenwahnsinniges Traumgespinst) und weltweiten Straßen fahren zu lassen.

Mit dem Hinweis auf den Klimawandel, der aber wenn überhaupt vom Menschen allenfalls nur peripher mit verursacht wird, können wir uns dann alle Autos von etwa 50.000 Euro Anschaffungspreis kaufen und dann stundenlang vor einer Stromzapfstelle stehen und dann nochmals einige Stunden warten, bis das Auto genügend Strom getankt hat um dann vielleicht gute 200 Kilometer fahren zu können bis zur nächsten Zapfstelle.

Dann werden bei den ungerechten und desolaten Löhnen die in Deutschland zum großen Teil gezahlt werden, wohl demnächst nur noch einige tausend Mitbürger mit dem Auto unterwegs sein; der andere Teil dann kann endgültig auf Fahrrad oder Roller umsteigen. Ein tolles ökologisches Kalkül. Finden sie nicht auch? Umweltschutz in Reinform!

Wie geistig umnachtet muß eine Politik sein die glaubt , man könne viele Staaten in ein synbiotisches Korsett zwängen und hoffen alles ginge gut.?

Die Europäische Union, jene Krake emporgestiegen aus den Untiefen des menschlichen Geistes und seiner illusionären Sehnsucht nach Gemeinschaft und Geborgenheit, wird dann wie immer eines Besseren belehrt. Massenarbeitslosigkeit, soziale Unruhen, horrende Schulden, Terrorismus ohne Grenzen und Waffenhändler die sich freudig die Hände reiben, sind da nur noch die harmlosesten Nebenwirkungen, die von kindischem Gezänke, wer denn wie viele Flüchtlinge aufnehmen will und kann, abgerundet wird.

Man stelle sich nur einmal vor, ein Landwirt der es mit seinen Tieren gut meint und ihre soziale Empathie stärken möchte, das sie nicht so alleine wären und er, der Bauer, Einsparungen tätigen könnte hinsichtlich weniger Ställe und Stellplätze. Dann umbaut er eine riesige Feldfläche mit einem Zaun und platziert auf dieser Fläche Schweine, Pferde, Hühner, Ziegen, Schafe, Kühe und noch ein paar Esel und Alpakas dazu. Und fertig ist die Arche Noah, Wie wir aber heute wissen, war sie nur eine begrenzte Zeit unterwegs. Globalisierung zum günstigen Schnäppchenpreis gibt es nicht.

Wie albern mutet es an, wenn Politiker dem empörten und wütenden Volk erklären wollen, warum es einen sogenannten *Islamischen Staat* gibt?

Die angeblich aus heiterem Himmel stammende Miliz begründet sich auf einem primitiven Rachegedanken eines US-amerikanischen Präsidenten namens Bush, der 2003 einer Kurzschlußhandlung unterlag und meinte, einen ***vergleichsweise*** harmlosen irakischen Machthaber namens Saddam Hussein reglementieren zu müssen und ihn dann noch zu töten. Wohl *bar jeglicher Kenntnis* über religiöse und theologische Auswirkungen wurde dann auf den vermeintlichen Aggressor eingedroschen, wie einst General George Armstrong Custer am Little Big Horn versuchte, auf die sich ihm entgegengestellten Indianer einzudreschen. Was daraus wurde, ist ja hinlänglich bekannt!

Tod und Verwüstung erzeugt immer neuen Tod und neue Verwüstung. Und wie Phönix aus der Asche erstand eine hasserfüllte, wütende und perspektivlose Antwort auf die Zerstörungswut eines *christlich-abendländisch* geprägten Landes in Form des Islamischen Staates. So einfach ist das. *Trauer und Hass, grenzenlose Wut und Rache* gingen eine todbringende *Allianz* ein, hervorgerufen durch kindliche Rachegelüste und einer völlig verfehlten imperialistischen Politik. Was für eine Verblödung!

Das nach nun mehr 75 Jahren nach der Nazizeit eine angeblich rechtsextreme und nationalsozialistisch angehauchte Partei eine *Alternative für Deutschland* sein soll, muß man sehen und demzufolge abwarten. Wenn aber schon sofort der Nazivergleich herangezogen wird, nur weil hier Menschen ihren Unmut über eine völlig verblödete Flüchtlingspolitik äußern und keine EU haben möchten und wieder sicher kontrollierte Grenzen besitzen wollen, hat das mit der damaligen NSDAP ebenso wenig zu tun wie Äpfel mit Birnen. Vergleiche hinken, wie man weiß, und unsachgemäße Vergleiche erst recht. Nun muß man ja heute recht vorsichtig sein mit dem, was man sagt und schreibt. Sagt man ***Volk*** wird man gleich schräg angesehen und muß fast Angst haben, das gleich ein Sondereinsatzkommando der Polizei bei dir auftaucht.Sagt man ***WILLKOMMEN FLÜCHTLINGE*** kann es dir passieren, das dein Auto in Flammen aufgeht. Dies mögen nur ein paar *kleine tendenzielle* Hinweise sein, was heute unter demokratischer Meinungsfreiheit verstanden wird. Die Gründungsväter unseres Grundgesetzes würden sich ebenfalls im Grabe umdrehen!!

"Um fortbestehen zu können, muß jede Gesellschaft der Charakter ihrer Mitglieder so formen, daß sie das tun wollen, was sie tun müssen. Ihre soziale Funktion muß zu einem Teil ihrer selbst werden und muß in etwas verwandelt werden, zu dem sie sich getrieben fühlen, und nicht etwas sein, das sie tun müssen. Eine Gesellschaft kann ein Abweichen von diesem Schema nicht dulden, denn wenn dieser soziale Charakter seine zusammenhaltende Festigkeit verliert, werden viele Individuen nicht mehr so handeln, wie man es von ihnen erwartet, und der Fortbestand der Gesellschaft in ihrer gegebenen Form wäre gefährdet."

FROMM / SUZUKI/ de MARTINO, Zenbuddhismus und Psychoanalyse, Frankfurt 1980, Seite 1

Das wir in diesem unseren Land massive Probleme haben dürften mittlerweile die meisten zur Kenntnis genommen haben, zumindest die, die kein allzu üppiges Bankkonto aufweisen können und etwas weniger Glück und Zufall hatten als jene, die meinen sie hätten sich alles von alleine aufgebaut, das sogenannte *Self-made.*

Ohne auch nur ansatzweise Gesichtsröte zu zeigen, behaupten diese Zeitgenossen sie hätten alle ihre Kraft und Ausdauer, Zähigkeit und den Glauben an ihre Vision in harte Arbeit gesteckt um das begehrte Ziel zu erreichen.

Zumindest in erbschaftstechnischer Hinsicht sieht das Ganze dann aber doch anders aus. Wie allgemein bekannt, sind ca. 85% des Vermögens (aus Unternehmen, Firmen usw.) einst vom fleißigen Großvater oder Vater an den oftmals größenwahnsinnigen Sohn (oder Tochter oder beide) vererbt und somit in den Sand gesetzt worden, um es vereinfacht auszudrücken. Zahlreiche

Insolvenzen und Konkurse großer und mittlerer Unternehmungen sind hier zu nennen und mit entsprechender Recherche, die ich mir hier ersparen möchte, zu belegen. In dieser unserer Kultur zählt nicht mehr Fleiß und Anstand, Pflichtbewusstsein und kollektives Denken, sondern nur noch Glück, Zufall und natürlich der richtige Familienname. Mit Müller oder Meyer im Namen sind heutzutage keine gewaltigen gesellschaftlichen Sprünge zu machen: mit dem Namen Siemens, Bosch oder Krupp, Porsche oder von Anhalt gibt es da schon wesentlich bessere Perspektiven und Aussichten. Nach dem Motto: *Das Volk muß schön brav, satt und ruhig sein,* lässt sich hervorragend Politik machen, die aber längst keine Politik mehr ist.
Nach nunmehr zwölfjähriger christdemokratisch geprägter Regierungszeit unter der Naturwissenschaftlerin Angela Merkel zeichnet sich nun eine neue Ära der politischen Verblödung ab. Nun feilschen Grüne und Freidemokraten miteinander und um das Privileg, demnächst regieren zu dürfen. Zusammen mit der CDU/CSU wird das bestimmt etwas Tolles geben.[1]

Was gib es noch zu sagen? Ein Schul,-u.Bildungssystem so wie es momentan in der Bundesrepublik Deutschland existiert, kann keine guten Früchte tragen. Hier lernen Kinder tatsächlich für die Schule und ihre Lehrer, aber nicht für das Leben, das sie zu kritischen, mündigen und

1 Bei der Niederschrift dieser Zeilen war just Bundestagswahl 2017.

reflektierenden und hinterfragenden Menschen ***bilden soll.***

Allenfall werden gute Gedächtniskünstler herangezüchtet, die alles Mögliche auswendig aufsagen können. Binomische Formeln und die Jahreszahl der Schlacht von Trafalgar sind natürlich wichtiger als konkret zu wisssen, wie der spätere Lebensweg klug und intelligent gestaltet werden kann. Sogenannte *Hochbegabte.* deren Matrix uns natürlich noch unbekannt ist, werden das in sich tragen, was wohl ***jeder*** von uns aufzuweisen hat. Erkannt wird es leider nicht, es sei denn, man hat wieder einmal riesiges Glück und einen noch nicht verblödeten Lehrer mit einem stumpfsinnigen Lehrplan. Statt dessen wird altes, unstimmiges und teils schlichtweg Falsches unterrichtet. Genannt sei hier das Thema Nationalsozialismus. Wie bereits geschrieben, muß man ja heutzutage mit äußerster Vorsicht und guter Wortwahl an ein solches Thema herangehen. **Natürlich war dies eine unselige, grausameund menschenverachtende Zeit.** Punkt. Und natürlich wird heute jeder anständige Historiker und solche die sich dafür halten, mit pathetischer und gestrenger Miene behaupten, das nichts, aber auch rein gar nichts an der NS-Zeit gut gewesen sei. Punkt.

Das stimmt so aber nicht. Punkt.

Der *1. Mai Feiertag,* Tag der Arbeit, stammt von den Nazis. Zwar wurde schon in der *Weimarer Nationalversammlung* im Jahre 1919 der Vorschlag zu einem solchen Feiertag getätigt: allein es scheiterte an parteipolitischem Gezänk. So aber wurde dann am 10.4.1933 in einem Reichsgesetz der 1. Mai zum *Tag der nationalen Arbeit* festgelegt. Punkt.

Ab 1941 wurde die bis heute vorhandene Krankenversicherung der Rentner (KVdR) eingeführt.
Schade, werden sich wohl einige heutige Politiker denken, das die Nazis die Rentner in die KvdR, die Krankenversicherung der Rentner, aufgenommen haben. Oder gehe ich da jetzt zu weit?

Thema Autobahn, Längst als Mythos widerlegt, jedenfalls geschichtswissenschaftlich nach eigenem bekunden, haben die Nazis eigentlich keine Autobahnen gebaut. Dreister geht's nimmer! Natürlich haben die Nationalsozialisten Autobahnen gebaut. ***Zwar stammt die Idee tatsächlich quellenhistorisch aus der Zeit der Weimarer Republik***: allein lange Planungen spielten den Nazis dann den Joker zu. Gebaut haben ***sie*** dann aber die begehrten Straßen. Punkt.

Thema Kindergeld. Von den Nazis 1936 eingeführt und 1938 geändert, wobei ab dem dritten Kind eine Zahlung erfolgte. Die Familienkassen in der damaligen Bundesrepublik behielten diese Regelung bis 1961 bei: würde man vielleicht heute gerne wieder ändern, wenn`s denn ginge. Oder ? Punkt.

Die *psychologische Wissenschaft* hat den Nazis auch einiges zu verdanken. Bis dahin ein wirrer unzusammenhängender Haufen von Ansichten, Strömungen und Schulen wurde hier dann endlich einmal eine Ordnung geschaffen.

Nach diesen Vorüberlegungen stellt sich natürlich die Frage, inwiefern die Psychologie von den Nationalsozialisten „ideologisiert“ und für ihre finsteren Zwecke mißbraucht wurde. Überraschenderweise stellt sich heraus, daß die Psychologen nach den „Säuberungen“ des Faches zu Beginn der nationalsozialistischen Herrschaft ideologisch überraschend unbehelligt blieben.
Die Nationalsozialisten hatten offenbar kein großes Interesse an der Psychologie als solcher.
Obwohl viele Wissenschaften, wie z.B. die Medizin (Euthanasieprogamme, Menschenversuche, etc.) unter den Nazis ihre Unschuld verloren, gab es innerhalb der Psychologie erstaunlich wenige einschlägige Untersuchungen: Es wurden lediglich einige wenige Studien zur Erb und Rassenpsychologie durchgeführt, wobei es um die Frage der Vererbbarkeit psychischer Eigenschaften ging. Diese waren jedoch ziemlich unbedeutend im Vergleich zu zwei anderen Ereignissen, welche die Psychologie zwischen 1933 und 1945 *entscheidend bestimmten:*
Das erste dieser Ereignisse war der Erlaß des neuen Wehrgesetzes 1935, d.h. die Wiedereinführung der allgemeinen Wehrpflicht, welche der Wehrmachtspsychologie zu einem ungeheuren Aufschwung verhalf. Zum Vergleich: 1935 gab es 69 bei der Wehrmacht angestellte Psychologen, 1937 waren es bereits 320, wobei diese Zahl bis 1942 weiter wuchs. Dadurch hatte die Psychologie erstmals ein quantitativ und strukturell ernstzunehmendes Betätigungsfeld außerhalb der Hoch- schulen. Das zweite dieser Ereignisse war die Einführung einer verbindlichen Diplomstudienordnung am 01.04.1941, in welcher Fächerkatalog und Stundenumfang, Prüfungsordnung, festgelegt wurde, der Titel „Diplompsychologe“ eingeführt und geschützt wurde, sowie ein Berufsbild in

Abgrenzung zur Medizin definiert wurde. Diese Diplomprüfungsordnung schuf einen Konsens über die Binnenordnung des Faches und stabilisierte diesen.
Diese beiden Ereignisse haben direkt oder indirekt mit der Professionalisierung der Psychologie zu tun. Dadurch wird bereits deutlich, daß einer der zentralen Fortschritte, wenn nicht sogar das bedeutendste Charakteristikum der Psychologie im Nationalsozialismus deren gelungene Professionalisierung war: Die Psychologie erhielt einen eigenen Ausbildungsgang, ein berufsbefähigendes Examen und einen Laufbahnberuf.

Quellen

GEUTE, U.,(1984). Die Professionalisierung der deutschen Psychologie im Nationalsozialismus. Frankfurt am Main: Suhrkamp Verlag.

HOFSTÄTTER, P.R (Hrsg). (1985). Deutsche Wehrmachtspsychologie 19141945. München: Verlag für Wehrwissenschaften.

SCHÖNPFLUG, W.(2000). Geschichte und Systematik der Psychologie . Weinheim: Psychologie Verlags Union

Soviel zu dieser Thematik. Nun wird immer gesagt, das diese von mir aufgezeigten Dinge nicht gut gewesen seien, *da sie ausschließlich und explizit nur Ergebnis u.a. des Rassenwahnes der Nazis gewesen seien und letztendlich nur der „reinen“ deutschen Bevölkerung zugute gekommen seien“.*

Richtig, stimmt ja so auch. Korrekterweise sollten dann aber schon umgehend und schleunigst diese Tatsachen rückgängig gemacht werden. Wenn schon nichts Gutes an der NS-Zeit zu sehen ist, muß man auch konsequent sein.Also: 1. Mai abschaffen und am besten den 2. Mai zum Feiertag ernennen, Autobahnen abreißen und wieder neu bauen (würde viele Arbeitsplätze bringen), alle Rentner raus aus der Krankenversicherung und privat zahlen lassen und die von Immanuel Kant zur ***reinen Naturbeobachtung*** degradierte Psychologie sollte sich auch lieber wie ihre wissenschaftliche Schwester der Theologie um einen Fernkursplatz bemühen. Denn außer beobachten, Statistiken erstellen und beschreiben ist von dieser Wissenschaft nun wahrlich nicht viel zu erwarten!

Ach ja, bevor ich es vergesse. Wenn schon gläubige Menschen am 31. Oktober den auf Martin Luther zurückgehenden Reformationstag feiern, jenen Tag, der die Spaltung der Kirche bedeutete, sollte nicht auch nicht vergessen werden, das der Herr Doktor der Theologie Luther ein bekennender Judenhasser war, ein ausgesprochener Antisemit und tat dies 1543 in seiner Schrift *Die Juden und ihre Lügen* kund mit der Aufforderung

„ihre Synagogen verbrennen und dem Erdboden gleich machen, ihre Häuser zerstören", das „Geleit und die Straße ganz für sie aufheben" und „die jungen starken Juden und Jüdinnen zur Arbeit mit Flegel, Axt, Spaten, Rocken, Spindel zwingen".

Ein Aufschrei der Empörung? Mitnichten! Die Seilschaft zwischen Kirche und Staat funktioniert hervorragend und so können auch schon mal antisemitische Äußerungen vor allem und wegen der Reputation des Martin Luther unter den Mantel der Barmherzigkeit gekehrt werden. Eigentlich müßte er sofort nachträglich exkommuniziert werden; da sich aber niemand wohl so recht für ihn verantwortlich fühlt, wegen oder ***dank*** der Spaltung der Kirche in evangelisch, katholisch, lutherisch, reformiert usw., wird das gläubige Volk noch mehr für dumm verkauft. Wahrlich schwachbegabt.

Nachfolgend wieder *zwei Artikel* die aus anderen Perspektiven eine tendentielle Verblödung aufzeigen, nicht mit dem Anspruch des absoluten, aber mit dem Anspruch der Richtigkeit. Sozusagen!

Verblödung – Gier und Korruption als System – Es ist noch viel schlimmer

*Von **Frank Ullrich** · 6. Dezember 2014 ·*

Liebe Leser/innen kennen Sie noch Christian Lindner? Christian Lindner ist der aktuelle Der FDP-Vorsitzende, FDP die Älteren werden sich erinnern, der hat neulich den Bundestag mit der DDR-Volkskammer verglichen. Ich hätte nie für möglich gehalten das ich das ähnlich sehen muss was ein FDP Politiker von sich gibt, aber wo er Recht hat, hat er Recht. Die Sitzungen des Bundestages sind fast schon Körperverletzung gegenüber den politisch Interessierten Bürger. Da wird geschleimt, gegenseitig Danksagungen verteilt, geheuchelt, gelobt hudelt das es schon peinlich wird. Piep, piep, piep, wir haben uns alle lieb. Ich warte schon darauf bis Sigmar Gabriel ans Rednerpult tritt und Mutti Merkel einen Heiratsantrag macht, obwohl würde passen, der dicke rote Mann und die schwarze Null, ein Traumpaar. Da wird Politik verkauft, welche fern ab jeder Realität ist, denn die Wahrheit ist eine andere, der Alltag ist viel schlimmer. Längst haben Mafia, Korruption und Lügen Deutschland unterwandert, auch wenn es die meisten einfach noch nicht wahr haben wollen. Politik und Wirtschaft haben die gnadenlose Dummheit und Gleichgültigkeit der Menschen in Deutschland ausgenutzt, um dieses System als politisch alternativlos erscheinen zu lassen. Die Mehrheit der Bürger/innen sind obrigkeitshörig geworden und bereit alles fressen was auf den Tisch kommt, was ihnen von der Politik und Wirtschaft so serviert wird. Und die meisten Deutschen sind so Zeit vergessen, dass sie es nicht einmal merken, dass einige politische Entscheidungen von Heute, die Ideen der Vergangenheit sind. Das beste Beispiel hierfür ist die Agenda 2010 oder auch (nur) als Hartz IV wahrgenommen. 1982 stellte der damalige Bundeswirtschaftsminister Graf Lambsdorff sein „Konzept für eine Politik zur

Überwindung der Wachstumsschwäche und zur Bekämpfung der Arbeitslosigkeit" vor, „Konsoldierungskonzepte für die öffentlichen Haushalte", „Anpassung der sozialen Sicherungssysteme", Verbilligung des Faktors Arbeit". Schon damals war der Plan, „Bezugsdauer des Arbeitslosengeldes auf 12 Monate zu begrenzen, stärkere Selbstbeteiligung der Bürger/innen im Gesundheitswesen, Anhebung des gesetzlichen Renteneintrittsalters von 65 auf 67 Jahre. Lambsdorff forderte eine Verschärfung der Zumutbarkeitsregeln für Erwerbslose oder Eigeninitiative und Eigenvorsorge, sowie eine spürbare Entlastung von Arbeitgebern bei der Beteiligung in die sozialen Sicherungssysteme.

Das eine rot-grüne Regierung, dies alles und viele weitere soziale Grausamkeiten in ein Gesetzespaket namens „Agenda 2010" packten und beschlossen, hätte sich CDU/CSU und FDP nicht in ihren kühnsten Träumen erhofft. Christoph Butterwegge, nannte das sog. Lamsdorff-Papier: „ein neoliberales Drehbuch für den Sozialabbau", von Schröder und Co. ausgegraben und umgesetzt,

das Ergebnis ist heute bekannt.
So mancher Politiker und Minister musste wegen eines Plagiats seinen Hut nehmen, Schröder wurde wegen Hartz IV Plagiat abgewählt, aber dennoch gefeiert und darf heute Zigarren rauchen deren Wert den Tagessatz von Hartz IV übersteigt. Seine Partei stürzte in den Abgrund und feiern sich heute als „Strukturreformer"- „Modernisierer" und „Traditionalisten" des Sozialstaates. Das scheint eine „große Zeitschrift" sehen, schreibt sie doch am 02.12.2014 auf Seite 1: „Hartz IV – Die bittere Bilanz! 4,4 Mio. Arbeitslose, 1,7 Mio. Kinder, 1,0 Mio. Rentner kriegen Stütze". Da möchte man der SPD den Hinweis geben, lesen bildet. Die Wahrheit ist, die SPD hat „Fahnenflucht" aus dem Sozialstaat begangen, sie haben nichts gelernt und wollen auch nicht, weil sie längst zu politischen Marionetten der Wirtschaft geworden ist, wie eben andere Parteien auch. Es gab Zeiten da mussten Lobbyisten den Dienstboteneingang nehmen und um Fürsprache bitten, heute wird ihnen von Politikern der rote Teppich ausgerollt und sie sitzen mit an den Tischen der Macht und schreiben bei der Erarbeitungvon Gesetzen gleich mit.
Das vergessen die Drückerkolonnen der Lobbyisten so manchen Politiker nicht, eine Hand wäscht die andere und Schwups die wupps wird aus Politikern selbst ein Mitglied der Drückerkolonne. Wenn heute die Wirtschaft vom Jobwunder spricht, dann reduziert sich das auf Billiglöhne, Zeitarbeit, Leiharbeit, Werksverträge. Die Jugend verkommt zur Generation Praktikum, Arbeiten zum Nulltarif, die Vorbereitung auf den modernen Arbeitssklavenmarkt. Wir wissen ja, Sozial ist was Arbeit schafft, manche Politiker sind ja auch der Überzeugung, Hauptsache Arbeit als gar keine. Acht Jahre lang hat die Politik gebraucht um einen „Mindestlohn" zu beschließen, einen Tag brauchte die Politik um ihre Diäten zu beschließen.
Aus Banker wurden Bängster, welche Sparern und ganze Staaten ausraubten, Wetten auf Sachen oder Ereignisse machten und weiter

machen dürfen, welche es gar nicht gibt und werden mit Mio. Abfindungen belohnt, bezahlt vom Steuerzahler, als wäre das ganz normal.
Möglich machen das ahnungslose Politiker, sie haben kapituliert vor ihrer eigenen Unfähigkeit und der Macht des Geldes. Das Gesundheitssystem ist zu einer zwei Klassen Medizin verkommen. Erst kürzlich haben Kritiker der Gesundheitspolitik herausgefunden, dass immer mehr Alte und Arme keine Zähne mehr haben, macht aber nichts, spätestens nach der Einführung der Agenda 2010 können sich Alte und Arme so wie so kein Fleisch mehrleisten.
Pharmaindustrie, Ärzteverbände und Ärzteschaft aller Fachgebiete „erfinden Krankheiten" welche es gar nicht geben soll. Es scheint so zu sein, dass es für ALLES, auch für das was es NICHT gibt, eine Pille, eine Sälbchen, oder eine Therapie gibt die hilft. Der Mensch wurde zur Ware, es geht nur noch um Gewinnmaximierung, da muss man kreativ sein. Hilfreich für diese Geschäftemacherei der Krankheitsheitsindustrie, ist das Geschwafel der Politik, mit dem Verweis der Eigenverantwortung der Bürger/innen für ihre Gesundheit, da darf auch so mancher Scharlatan sein Unwesen treiben und Kasse machen. Es könnte so schön sein in Deutschland, wären da nicht die Alten, die verursachen nur Kosten und belasten immer mehr die Sozialkassen. Wie gut das man da schon einen Lösungsansatz gefunden hat die nervigen Alten loszuwerden, im Osten von Europa den Lebensabend Demenzen. Da wird die Jugend regelrecht auf die Alten gehetzt, denn die Alten sind ja gierig und fressen den Jungen den Wohlstand weg. Respekt vor der Lebensleistung spielt keine Rolle, so ist das wenn man nicht mehr in die Leistungsgesellschaft passt und die Gier der Lumpenwirtschaft nicht mehr mit optimieren kann. Und eine ganze Verblödungsindustrie von Ernährungsberater, Lebensberater, es gibt sogar Zeitmanager, Klugscheißer, Gutachter und Experten erklären uns täglich und reden uns ein was gut und schlecht für uns

ist und wie wir zu leben haben. Es scheint so als wären wir Deutschen gar nicht mehr in der Lage das tägliche Leben zu meistern, selbstständig Entscheidungen zu treffen, als hätten wir den Verstand verloren. In unserer Gesellschaft hat eine Selektion in OBEN und UNTEN begonnen, für den der Kritik am System übt und Dorfdeppen ist kein Platz mehr, den sperrt man im Zweifel einfach mal weg. Und warum funktioniert das ALLES, weil wir einer hoffnungsloser Gleichgültigkeit verfallen sind, weil es der Politik, Verblödungsindustrie, Wirtschaftslumpen und obrigkeitshörigen Medien gelungen ist unser Leben zu bestimmen, unsere Welt so klein zu machen, dass wir nicht mehr auf die Idee kommen kritische Gedanken zu entwickeln, uns zur Wehr zu setzen, jedenfalls die breite Masse. Man möchte es gar nicht glauben, wie Deutschland mehr und mehr verwahrlost.

https://www.nachrichtenspiegel.de/2014/12/06/verbloedung-gier-und-korruption-als-system-es-ist-noch-viel-schlimmer/Aufruf 09/2017

Unschwer ist es zu erkennen: Der Expresszug der Verblödung fährt unaufhaltsam ins Nirgendwo. Zukunft wie sie uns von Politikern und ihren primitiven Phrasen schmackhaft gemacht werden sollen, scheinen ihre Funktionalität einzubüßen. Es gibt nämlich keine Zukunft. Auch dies ein pures Produkt unserer neuronalen Verschaltungen sprich unseres Gehirnes.

Die meisten Menschen leiden an dieser geistigen Schwaeche, zu glauben, weil ein Wort da sei, muss es auch das Wort fuer etwas sein; weil ein Wort da sei, muss dem Worte etwas Wirkliches entsprechen."

FRITZ MAUTHNER, Beitraege zu einer Kritik der Sprache I, Ffm 1982, Seite 159

Das dem nach diesem Zitat so ist, konnten wir bis jetzt unzweifelhaft lesen.

Der Ulmer Neurologe Markus Spitzer, dessen Tochter in Regensburg Zahnmedizin studiert, ist einer der führenden Gehirnforscher in Deutschland. In einem Interview stellte er nun die steile These auf, digitale Medien verdummen – schlichtweg, weil sie dem Gehirn Arbeit wegnehmen.

Unsere geistige Leistungsfähigkeit nimmt ab, weil wir zu häufig digitale Medien nutzen. Mit dieser Gesellschaftskritik lässt der renommierte Gehirnforscher Manfred Spitzer in seinem bei Droemer erschienenen Buch "Digitale Demenz - wie wir uns und unsere Kinder um den Verstand bringen" aufhorchen. Im pressetext-Interview legt der ärztliche Leiter der Psychiatrischen Universitätsklinik Ulm dar, wie Internet, Konsolen, Smartphones und Co das Gehirn schädigen.

pressetext: Praktisch jeder ist heute online, dank Smartphone sogar ständig. Sie machen eine Krankheit daraus und nehmen viel Gegenwind in Kauf. Wofür?

Spitzer: Ich pathologisiere nicht, sondern stelle fest: Wo es Wirkungen gibt, sind auch Risiken und Nebenwirkungen. Digitale Medien erledigen geistige Arbeit für uns und nehmen uns das Denken ab, ähnlich wie uns das Auto körperliche Arbeit abnimmt. Als Neurowissenschaftler weiß ich, dass man völlig ausschließen kann, dass das keine Auswirkungen auf das Gehirn hätte. Genauso wie unser Körper durch die passive Lebensweise nun auf Joggen und Fitness-Center angewiesen ist, ist auch das Gehirn ein dynamisches Organ, das bei ausbleibendem Input verfällt.

pressetext: Wo wird für Sie dieser Verfall sichtbar?

Spitzer: Google macht uns weis, dass es über jegliche Information verfügt, die man nur suchen muss. Studien belegen aber, dass jemand gegoogelte Inhalte mit geringerer Wahrscheinlichkeit im Gehirn abspeichert als jemand, der sie auf andere Weise sucht. Oder etwa bei der Orientierung: Wir lagern sie an das Navigationsgerät im Auto aus - und dürfen uns nicht wundern, dass wir selbst immer schlechter navigieren. Ähnliches gilt für Geburtstage, Telefonnummern, Kopfrechnen oder die Rechtschreibung. Passiert weniger im Gehirn, lernt man weniger, und die Gehirnwindungen bilden sich weniger aus.

pressetext: Aber was hat das mit Demenz zu tun?

Spitzer: Demenz heißt Abstieg. Steigt man von der Spitze eines Berges herab, so dauert das umso länger, je höher der Berg ist. Ebenso entscheidet sich auch der Zeitpunkt des Einsetzens einer Demenzerkrankung dadurch, wie gut die Bereiche des Gehirns zuvor durch die ständige Nutzung ausgebildet und trainiert wurden. Wer hier wenig hat, verliert es früher. Zudem beschleunigen die Medien den Abstieg: Indem Maschinen etwa Updates selbst vornehmen oder E-Mails, Postings und SMS sofortige Reaktion erfordern, sind wir nicht mehr Herr über unser Tun. Diese Kontrollabgabe führt zu Stress, der wiederum Nervenzellen im Gehirn absterben lässt.

pressetext: Computer, Internet und Smartphones nutzt heute jeder. Werden wir deshalb schon alle dement?

Spitzer: Die Bezeichnung "Digitale Demenz" haben Kollegen aus Korea 2007 zur Beschreibung eines Phänomens eingeführt, das sich seither noch zugespitzt hat: Junge Erwachsene konzentrieren sich immer weniger, merken sich nichts mehr, haben Probleme mit dem Lesen von Texten, sind müde und motivationslos und stumpfen emotional ab. Da die Betroffenen angaben, Computer und Internet exzessiv zu nutzen - Korea ist das Land mit der wahrscheinlich höchsten Mediatisierung überhaupt - haben die Ärzte einen kausalen Zusammenhang hergestellt.

pressetext: Drohen uns koreanische Verhältnisse?

Spitzer: In Koreas junger Generation sind heute zwölf Prozent internet- und computersüchtig, haben also ernste Probleme damit, längere Zeit offline zu gehen. In Deutschland laut dem Suchtbeauftragten der Bundesregierung drei bis vier Prozent, wobei 250.000 als süchtig und 1,4 Mio. als Risikofälle gelten. Das sind sehr viele junge Menschen, die am liebsten 18 Stunden pro Tag im Web wären und ihr Leben dabei nicht in Griff haben. Das ist schlimm für die Zukunft eines Landes und fatal für die Betroffenen selbst, wie ich aus entsprechenden Erfahrungen mit meinen Patienten gelernt habe.

pressetext: Wie wirkt sich das auf die Lebensführung aus?

Spitzer: Eine Stanford-Studie zeigt, dass acht- bis zwölfjährige Mädchen sieben Stunden pro Tag online sind, doch nur zwei Stunden mit anderen Mädchen realen Kontakt haben - im Schnitt! Bei uns verbringen Jugendliche täglich doppelt so viel Zeit mit Medien als mit dem gesamten Schulunterricht. Als Folge werden wir oberflächlicher, gehen Dingen weniger auf den Grund, zudem wuchern Aufmerksamkeitsstörungen und Vereinsamung, da direkte Sozialkontakte durch Social Media abnehmen. Längst keine Ausnahme mehr sind Pärchen im Restaurant, bei dem jeder per Smartphone twittert, wie toll doch das Rendevouz ist. Miteinander kommunizieren die beiden jedoch kaum - das Rendevouz findet gar nicht statt.

pressetext: Manche meistern den Umgang mit Medien also weniger gut als andere. Wer gehört zur Problemgruppe der Süchtigen?

Spitzer: Die üblichen Randgruppen aus prekären Verhältnissen leiden am meisten darunter, denn sie verbringen heute statistisch gesehen die höchste Stundenanzahl mit digitalen Medien. Das ist jedoch brisant: Medien bringen nicht den Ausgleich, wie oft behauptet wird, sondern verstärken bestehende Ungleichheiten und wirken dadurch unsozial statt sozial. Die Gesellschaft müsste dies dringend mehr reflektieren, denn sie hat bisher noch gar nicht gelernt, mit den resultierenden Problemen umzugehen, zu denen sich Studien aus der Neurowissenschaft längst häufen.

pressetext: Inwiefern ist die Politik für diese Erkenntnisse hellhörig?

Spitzer: Gar nicht, da sie eine unheilige Allianz mit den Medien eingegangen ist. Intendanten werden durch die Politik bestimmt und Politiker unterliegen den Medien dahingehend, dass kritische Einstellung zur medialen Ächtung führt. Enquetes laden ausschließlich Experten ein, die von Medienunternehmen-gesponserten Medieninstituten stammen. Das erklärt, warum sie dann empfehlen, dass jeder Schüler einen Laptop haben soll, obwohl wir wissen, dass der dem Lernen mehr schadet als nutzt. Dass ausgerechnet die Bundesanstalt für gesundheitliche Aufklärung die Playstation zur Förderung der Medienkompetenz empfiehlt ist ein Skandal, denn eine Playstation im Jugendzimmer verschlechtert die Schulnoten nachweislich. Ebenso skandalös ist die Verleihung eines hochdotierten Preises für ein Ballerspiel durch den Kulturstaatsminister.

pressetext: Wie wird man kompetent im Umgang mit Medien?

Spitzer: Der Vergleich mit dem Alkohol drängt sich auf: Nicht durch Einübung, sondern durch längstmögliches Fernhalten von ihm eignet man sich den gesündesten Umgang an. Dasselbe gilt für Medien: Sie erfordern ein Vorwissen an Fakten und Erfahrungen, das außerhalb der Medien entstand. Ein Kind sollte seine Umwelt nicht zuerst über Tablet und Smartphone ansehen, sondern sie selbst begreifen, fühlen, erleben und handeln. Die Motorik nimmt ein Drittel des Gehirnvolumens ein. Bewegt man nur die Maus, so wird dieses Drittel zum Lernen und später zum Denken nicht benutzt.

pressetext: Was sollte die Schule tun, was die Eltern?

Spitzer: Schulen sollten für gute Bildung sorgen, jedoch ohne digitalen Medien. In Kindergarten und Grundschule haben Computer und Internet nichts verloren. Statt in Laptopklassen sollten die Schulen lieber in Lehrer investieren, da Bildung Personen braucht, zu der eine Beziehung aufgebaut wird. Medienpädagogik ist etwa so sinnvoll wie Alkoholpädagogik - beides macht süchtig und brauchen wir nicht. Eltern rate ich deshalb, den Medienkonsum der Kinder auf ein notwendiges Minimum zu beschränken.

pressetext: Danke für das Gespräch!

http://www.wochenblatt.de/nachrichten/welt/Gehirnforscher-Nutzung-digitaler-Medien-verdummt-;art5578,131091

Aufruf 10/2017

Ich bin mit Herrn Dr. Spitzer weder *verwandt noch verschwägert,* falls jemand auf diese abstruse Idee kommen sollte.

Seine Erkenntnisse scheinen aber niemanden sonderlich zu interessieren. Statt dessen werden Unsummen an Geld von es zu gut meinenden Eltern für ihre Sprösslinge ausgegeben, in der Hoffnung, ihnen damit Gutes zu tun.

Nun ja, das Ergebnis ist bekannt und beschrieben. Statt Wald, Bäume und Natur, Smartphone, iphone und der gesamte übrige Schwachsinn. Anstatt die durchaus brauchbaren Ressourcen der Technik zu nutzen wird Irrsinn über Irrsinn produziert. Noch mehr Technik.

Kaum ist die neueste Form auf den Bazaren der Verblödung käuflich zu erwerben, steht schon der nächste Renner in den Startlöchern, verbunden mit der scheinbaren Hoffnung, hier vielleicht eine Antwort auf unsere eigentlichen drängenden Fragen zu erhalten.

Wer bin ich, was will ich, wohin gehe ich?

So trivial es sich anhört, so aktuell ist es! Die Antwort findet sich nicht in Computerspielen oder auf der Cebit-Messe.

Ein mithin großes Problem das sich in den nächsten Jahrzehnten mit voller Wucht noch zeigen wird, ist die rasante Zunahme der Weltbevölkerung. Sind es heute ca. 7,5 Mrd. Menschen die diesen winzigen Planeten bevölkern, werden es bis zum Ende des Jahrhunderts rd. 11 Mrd. Menschen sein, Vielleicht aber auch mehr?! Niemand weiß das so genau. Momentan sind dank stümperhafter Politiker und schwachsinniger Machthaber etwa 60 Mio. Menschen auf der Flucht. Werden es in einigen Jahren Milliarden sein? Anzunehmen.

Dies kann und wird niemand verhindern.

Nur die ***völlig*** Verblödeten können angesichts dieser Tatsache noch von Zukunft und Wachstum sprechen.

Und absolut debile Wissenschaftler prognostizieren sogar

das die Weltbevölkerung abnehmen könne: durch mehr Bildung, bessere Medizin usw.usw.

Was Wissenschaftler so alles treiben konnte ausführlich dargestellt werden. Darauf würde ich mich persönlich nicht verlassen. Verlassen sie sich auf ihr Gespür, auf ihre ganz persönliche und individuelle Ansicht. Mehr ist nicht zu sagen. Das kulturelle Geschwätz von der kollektiven Meinung ist und bleibt barer Unsinn.

Die breite Masse des Volkes wird ***gewollt*** im kulturellen Korsett des Staates in „Schach" gehalten. Nur so lässt sich regieren, das Volk verblöden und Faulheit, Trägheit und Egoismus, als Kernzeichen einer Demokratie aufrecht erhalten.

Von der einst gedachten Form der Demokratie der Alten sind wir weit entfernt. Dazu gehört mehr als ein marodes Sozialsystem und Meinungsfreiheit, die auch nur unter bestimmten Prämissen gilt. Längst kann man in diesem Land nicht mehr ungeschminkt seine Meinung sagen. Der sozio-kulturelle Schleier der Verblödung ist auch hier voll ausgebreitet. Was in früheren Zeiten noch als unanständig oder höchstens grober Unfug galt, ist heute überwiegend kriminalisiert worden und mit Strafe belegt.

Staatliche Reglementierungen die den Bürger erziehen sollen, verfehlen ihre Wirkung. Dabei ist es doch alte gute anerkannte soziologische Weisheit, das sich in Gesellschaften und Kulturen auch Parallelwelten und Parallelkulturen bilden, bilden müssen, um ein Gleichgewicht zu erhalten. Warum also die Aufregung?

Demokratie lebt doch von Meinungswechsel und Diskussion, oder etwa nicht mehr?
Aber selbst in der so freien und globalisierten deutschen Bundesrepublik darf zum jetzigen Zeitpunkt längst nicht mehr alles gesagt werden. Dies könnte sofort strafrechtliche Konsequenzen nach sich ziehen. Natürlich blieb auch dies nicht aus bei der gewaltigen gesellschaftlichen Verblödung.

"Es dauern die Staaten nur so lange, als es einen herrschenden Willen gibt, und dieser herrschende Wille für gleichbedeutend mit dem eigenen Willen angesehen wird. Es kann sich der Staat des Anspruchs nicht entschlagen, den Willen des Einzelnen zu bestimmen, darauf zu spekulieren und zu rechnen. Für ihn ist's unumgänglich nötig, daß Niemand einen eigenen Willen habe; hätte ihn Einer, so müßte der Staat diesern ausschließen (einsperren, verbannen usw.); hätten ihn Alle, so schafften sie den Staat ab."

, Der Einzige und sein Eigentum, Stuttgart 1972, Seite 214
MAX STIRNER

Die Wohnung im Keller

Die Schneeflocken fielen, in dichtem Gedränge, auf die Stadt. Jede einzelne Schneeflocke schien den Anspruch erheben zu wollen, einzigartig zu sein, schöner und größer als all die anderen. Doch erst im Zusammenspiel mit den anderen Flocken konnte man die Einzigartigkeit erkennen.

Es schneite bereits seit einigen Tagen und eben dieses Zusammenspiel der Flocken wollte glauben machen die Stadt im Schnee ersticken zu lassen. Manchmal hielten die Schneeschauer inne und es hatte den Anschein das sie Kraft sammelten um dann noch vehementer einsetzen zu wollen.

Unendlich schwere, dunkel,-bis hellgraue Wolken bedeckten den Himmel an dem im Sommer ein warmes blau zu sehen war. Die Stadt hatte schon oft einen schneereichen Winter gesehen. Schröder auch. Für ihn war das nichts neues. In all´ diesen vielen Jahren, in denen er schon in der Stadt lebte hatte Ihm das Wetter nie etwas ausgemacht. Die Natur hatte ihm ein gewisses Maß an Robustheit mitgegeben so daß ihm auch dieser jetzige Winter nicht viel anzuhaben schien. Aber es schien nur so. Schröder war klein, vom Wuchs her, was durch sein rundliches Gesicht, das von einem dünnen Oberlippenbart geziert wurde, das Ganze noch etwas unterstrich. Unter buschigen Augenbrauen blickten blaue wache Augen in die Welt, in denen immer, mochten die Zeiten auch noch so schlecht gewesen sein, ein gütiger und liebevoller Ausdruck lag. Er war eben so. Sein Kopf war unbedeckt, nicht weil er keinen Hut tragen wollte, sondern weil er kein Geld hatte um sich einen zu kaufen.

Seine Schuhe die er bereits eine Ewigkeit besaß versanken in dem immer höher werdenden Schneeteppich, der in den Seitenstraßen der Stadt rasch wuchs.

Es war kurz vor Weihnachten. Reges Leben herrschte auf den Straßen, wenig beeindruckt von dem starken Schneefall. Auf dem

Marktplatz hatte ein übergroßer Weihnachtsbaum seinen Platz gefunden, der aber nicht sonderlich schön geschmückt war und etwas lieblos hingestellt seine Zeit fristen sollte, Schröder eilte über den Marktplatz vorbei an dem lieblosen Baum, bog in die Kirchgasse ein und hatte dann noch ein gutes Stück bis zu seiner Wohnung zu gehen.

Seit nunmehr 25 Jahren wohnte er in der Stadt. Die Eltern waren früh gestorben und als einziges Kind wurde er dann von den Großeltern dazu befähigt, daß er heute durch diese schneebedeckten Straßen laufen konnte. Die Schulzeit vermochte ihn nicht recht zu begeistern und so kam es das er schon sehr früh zu arbeiten begann. Bei einem Gemischtwarenhändler sammelte er seine ersten Erfahrungen in der Welt der Erwachsenen und würde heute alles dafür geben, nur um noch einmal Kind sein zu dürfen. Doch die Kindheit begegnete ihm dann noch einmal in der Form, als das er heute wieder bei einem Gemischtwarenhändler arbeitete. Baltke und seine beiden Söhne waren ein Begriff in der Stadt. In einem großen Geschäft arbeiteten zusammen mit ihm, mit Schröder, noch 15 andere Angestellte die dafür sorgten, daß das Geschäft gut lief. Und es lief nicht schlecht. Jedenfalls für Baltke und seine Söhne nicht. Schröder kam mit seinem Lohn nicht aus.

" Seien Sie doch froh das Sie überhaupt Arbeit haben, Mann. Wissen Sie eigentlich was für Zeiten wir haben ? " Schröder schüttelte sich leicht als er die wulstigen feuchten Lippen von Baltke vor sich sah, der ihm das noch heute morgen gesagt hatte. Sicher, Baltke war ein Ausbeuter, aber hatte er nicht vielleicht auch ein bißchen Recht? Die Zeiten waren tatsächlich schlecht, wer Arbeit hatte galt als privilegiert. Schröder lächelte bitter. Tatsächlich sollten schon Menschen vor Hunger auch in der Stadt gestorben sein. Schröder glaubte das nicht so recht. Eine solche Welt konnte es doch nicht geben. Jedenfalls nicht hier.

Durchnäßt und frierend erreichte er seine Wohnung. Sie lag im Keller eines grobklotzigen Hauses, dessen Fassade ihn an eine merkwürdige Art an den alten Baltke denken ließ. Er ging hinein in dieses Haus das natürlich schon bessere Tage gesehen hatte und als er den Flur betrat schlug ihm ein Geruch entgegen, der ihn immer an Ratten denken ließ.

" Es ist ein kranker Geruch ", Schröder dachte es jedes mal. Im Hausflur und im Treppenhaus hingen vereinzelt losgelöste Tapeten von den Wänden und es sah so aus als wollten sie den Vorbeigehenden am Weitergehen hindern. Denn das Haus war nicht nur von aussen unansehnlich sondern auch von innen. Niemand machte sich die Mühe etwas zu reparieren. Schröder ging auf eine fahl schimmernde Metalltüre zu, öffnete sie und stieg die wenigen Stufen in den Keller hinab, wo sich seine Wohnung befand. Souterrain, dieser Begriff hörte sich freilich besser an. Am Ende eines kleinen Ganges dessen Enge durch eine spärlich brennende Lampe etwas gemildert wurde, erreichte Schröder sein Nest, wie er es immer selbst zu bezeichnen pflegte. Es gab ihm das Gefühl das er doch etwas besonderes hatte.

Mit klammen Bewegungen betrat er wenige Augenblicke später seine Wohnung um mit einem lauten ächzen auf einen Stuhl zu sinken, das dieser mit einem quietschenden Geräusch entgegnete.

Durch zwei kleine Fenster, die mit dem Erdboden abschlossen, fiel schmutzig-graues Licht in den Raum seiner Wohnung. Schröder starrte minutenlang regungslos auf die beiden Fensteröffnungen. Dann begann er zu frieren. Es war das Frieren des sich nicht bewegens, das langsam von innen heraus entsteht. Auch ohne äußere Umstände. Seine noch starken Zähne schlugen in einer Art rhytmischen Takt aufeinander und seine Hände, die schon viel, eigentlich schon zu viel gearbeitet hatten, begannen zu zittern. Mit einem tiefen Seufzer erhob sich Schröder und ging mit steifen Schritten auf einen kleinen Ofen zu, der in einer Ecke der Wohnung stand. Er war kalt. Später als die winterliche Dämmerung Einzug in die Stadt zu halten begann, war es in Schröders Wohnung wieder wohlig warm. Er saß an einem Tisch und aß etwas Brot mit Wurst. Den Kaffee den er dazu trank schmeckte bitter, tat aber gut. Die Vorräte an Lebensmittel gingen bald zur Neige; Er mußte neue einkaufen gehen. Das bißchen Lohn reichte so grade eben zum Leben aus, ein Leben, das seiner Ansicht nach kein richtiges Leben war. Sorgen und Nöte wogen schwer, die Last des Alltags und des zunehmenden Alters taten ihr übriges. Wozu lebe ich überhaupt noch ? Die an hn selbst gestellte Frage beabtwortete er stets mit einem gequälten Lächeln und dem eigenen Erklärungsversuch, das er vielleicht zu der Sorte von Menschen gehörte, die einfach dazu geboren waren so zu leben. Nun war er nicht unbedingt ein Fatalist, doch gänzlich ausschließen wollte er eine schicksalhafte Fügung auch nicht. Andererseits gehört im Leben auch einiges Glück und glückliche Umstände dazu. Das war seine Meinung.

Kaum hatte er den Gedanken zu Ende gedacht kamen die Schmerzen. In dern Anfängen war es immer nur ein leichtes Stechen in der Brust gewesen; jetzt kam es ihm so vor als würden ihn stählerne Klauen umfassen die ihn langsam zermalmen wollten.

Sein Herz begann zu rasen und kalter Schweiß bildete sich trotz der wohligen Wärme im Zimmer auf seiner Stirn aus. Das Herz. Schröder kannte die Anzeichen; es war ja nicht das erste mal. Stöhnend setzte er sich auf sein Bett um dort in halbliegender Stellung zu verharren bis die Schmerzen nachließen.

In der Nacht schlief er unruhig. Oftmals wurde er schweißgebadet wach um dann sofort wieder in einen tiefen Schlaf zu fallen. In der Wohnung war es bitterkalt geworden, so kalt, das Schröder fast dunkelblaue Hände hatte, als er sich am Morgen vom Bett erhob. Benommen stand er auf und schlurfte zum Waschbecken. Plötzlich und ohne Vorwarnung wurde ihm übel. Farbige Kreise und sternähnliche Gebilde flackerten vor seinen Augen. Und dann fiel er. Denn Aufprall auf den harten Boden spürte er schon nicht mehr.

Er spürte nur, wie langsam seine Kraft, sein Leben aus dem geschundenen Körper wich. Schmerzen hatte er keine.
Dafür breitete sich ein unendlich leichtes und befreiendes Gefühl aus. Und zum allerersten Mal hatte Schröder den Gedanken :

Wie schön ist doch das Leben !

Hochzeit zweier Tauben

Wenn zwei Tauben, nach natürlich reiflicher Überlegung aber ohne Abwägung bestimmter Interessen und Anliegen, die Ehe eingehen wollen, stellt sich stets und immer nur die eine alles umfassende Frage, wo denn nun geheiratet werden soll? Es muß also ein höchst geeigneter Platz gefunden werden. Da eine kirchlische und standesamtliche Trauung im engeren Sinne entfällt, erübrigt sich auch ein gewisser bürokratischer Aufwand, der vor jeder konventionellen Eheschließung in Kauf genommen werden muß; aber eben nicht so bei Tauben. Denn so ganz spontan und ohne amtliches Procedere geht es bei uns Menschen ja nun nicht. Mal eben so heiraten.

Nun, wie dem auch sei, müssen unsere beiden Tauben dann nun eben eine passende Lokalität finden um den Weg durchs Leben gemeinsam gehen (fliegen) zu können. Ganz gleich was da auch kommen mag. Wieder ein kleiner Unterschied zum Menschen. Ein in höchstem Maße geeigneter Ort und somit die adäquateste Lokalität würde zweifelsohne eine behagliche Nische einer Kirche darstellen; alternativ würde es gar auch auf dem Kopf des kirchlichen Wetterhahnes gehen, vorausgesetzt das Wetter spielt auch mit. Aber Tauben sind da eh nicht so verweichlicht. Taube erlebt schon schlimmeres und argeres als die Unbillen des Wetters auf einem Wetterhahn erdulden zu müssen.

Oder wäre vielleicht das staatliche Naturkundemuseum geeigneter, oder das Polizeipräsidium?

Nun kommt es natürlich oder besser gesagt selbstverständlich auch darauf an, ob unsere beiden Tauben ein bestimmtes kulturelles Anliegen in ihrem kleinen Herzen besitzen. So könnte dann auf dem Dach der Turnhalle einer Schule geheiratet werden; besitzen unsere Tauben aber mehr ein gesellschaftspolitisches Anliegen wäre natürlich und unweigerlich das Dach des Rathauses vortrefflich.

Ist dann nun nach langem suchen der schönste Platz gefunden, müssen die Vorbereitungen getroffen werden. Der Ort soll schön geschmückt werden, schließlich muss man ja Eindruck schinden; was würden sonst die Leute, äh, die anderen gefiederten Brüder sagen ?

Etwas Laub hier, ein paar Zweige dort, etwas Moos noch oben drein und schon geht`s zum Stelldichein. Allerdings müssen vorher noch gewisse Essensvorbereitungen getroffen werden.

Würmer, Fliegen, Maden, allerlei Leckereien die das Herz und ins bésondere die Zunge begehrt.

Für jeden Geschmack ist etwas dabei. Und zu guter letzt mussh die Gästeliste erstellt werden.

Eingeladen werden der Star nebst Anhang, die Meise , die Amsel, Buchfink und Rotkehlchen. Größere Artgenossen erhalten wohlweislich keine Einladung. Sie verspeisen eh alles allein und fallen meistens immer in höchstem Maße unangenehm auf. Wie, das sei dahingestellt.

GrOßmutter Taube und der Großvater männlicher Seits sind eingeladen. Geschwister und andere nahe Verwandte natürlich auch. Leider sind die Eltern unserer beiden Tauben schon verstorben. Es ist eben sehr gefährlich sein Essen auf Straßen oder anderem gefährlichen Terrain suchen zu müssen; notgedrungen, denn gefüttert werden darf ja nicht mehr. Warum auch immer! Dann nimmt man doch lieber ein armes kurzes Taubenleben in Kauf. Es gibt doch genug davon. Wie schön aber das diese Denkweise bei Tauben nicht verbreitet ist.

Dann also kann das Fest beginnen. Wie bei vielen anderen fröhlichen Zusammenkünften auch wird gelacht, gesungen, getanzt und geplaudert. Die neueste Mode, das aktuellste Ereignis aus der Nachbarschaft; der neueste Tratsch wie auch der traurigste Schicksalsschlag werden begeistert oder eben weniger erörtert. Nichts bleibt unerwähnt. Schließlich bietet so ein Fest auch einmal die vorzügliche Gelegenheit, seinem Frust und Ärger Luft zu machen. Wo man ja sonst nicht viel zu lachen hat.

Schon garnicht als Taube.

Getrunken wird selbstverständlich auch. Ein Fest macht eben auch durstig.

Die eigentliche Trauung vollzieht niemand. Tauben nämlich finden sich und bleiben dann zusammen, auch ohne Trauschein. Schließlich bedarf es keines amtlichen Siegels um seinem Partner auch in schweren Zeiten die Stange halten zu können und nicht beim kleinsten Problem davonflattern zu müssen. Denn schließlich ist dies ja der zweitwichtigste Grund für eine Eheschließung nach den steuerlichen Vorteilen selbstverständlich.

So verläuft das wenig beachtete aber dafür um so schönere Fest unserer Tauben wie viele andere Feierlichkeiten auch. Vielleicht sogar etwas lieblicher. Es wird einem ganz warm ums Herz, stellt man sich vor, einmal wie eine Taube den Bund fürs Leben schließen zu können...

Aus einem Leben

Der Wecker klingelte. Die ersten Töne nahm Brossmann´s Unterbewußtsein fast unmerklich wahr.
Zunächst ganz zart und schwach, dann in sekundenschnelle zu einem unerbittlichen und für den Schlafenden zu einem Ohrenbetäubenden Hämmern anzusteigen welches sich schnell im Bewußtsein manifestierte um dann eben so schnell decodiert zu werden: Die Zeit war um.
Brossmann schlug die Augen auf. Fahles, unfreundliches Morgenlicht drang durch die Jalousien des Fensters. Die Geräusche des Weckers, diese bohrenden und nicht endend wollenden Geräusche, waren mittlerweile zu einem kläglichen blechernen klopfen geworden und verstummten nach einer kleinen Weile ganz. Halb sechs in der Früh. Noch ein oder gar zwei Minuten liegen bleiben, sich erstmal erholen vom Schlaf, dachte Brossmann. Wie absurd. Er war müde vom Schlafen.
Der Rücken schmerzte, die Hüfte tat ihr übriges und außerdem war die alte Matratze des Bettes wer weiß wie alt. Er wußte es nicht mehr. Er ging, eigentlich war es mehr ein schlurfen, ins Badezimmer, wobei dieses Badezimmer eigentlich kein richtiges Zimmer war sondern nur eine separate Nische. Da das ganze durch eine halbe Wand vom übrigen Zimmer abgetrennt war betrachtete es Brossmann eben als eigenständiges Zimmer. Was braucht ein Mensch auch mehr?
Eine Toilette und ein altes schmutzig weißes Waschbecken aus dessen Wasserhahn in regelmäßigen Abständen ein Wassertropfen herabfiel um mit einem monotonen Geräusch auf sich aufmerksam zu machen. Brossmann sah in den kleinen stumpfen Spiegel der über dem Waschbecken hing. Ein müdes und fahles Gesicht sah ihm entgegen und traurig blickende Augen versuchten krampfhaft ein gequältes Lächeln zu unterstützen. *" Du bist alt geworden, mein Junge. Warum tust du dir das noch an ? Leg`dich wieder hin und*

laß die Firma sein wo sie ist. Es geht auch ohne dich ." Mehr in Gedanken denn in Worten murmelte er diese Aufforderung an sich selbst.
Natürlich würde es auch ohne mich gehen, denkt Brossmann. Aber es geht nichts ohne Geld !
Mit kaltem Wasser wusch er sich ab, putzte die Zähne und rasierte sich dann noch. Er kleidete sich an, aß etwas Brot und verließ, sich etwas besser fühlend, die Wohnung.

Als er die Straße vor dem Haus betrat bemerkte er schon einige Schweißtropfen die langsam von seiner Stirn herunterrannen, denn es war schon bereits um diese Uhrzeit sehr warm. Hochsommer eben und selbst in den Nächten verspürte man nur geringfügig eine Abkühlung. Mittlerweile war es halb sieben und auf der Straße und ihrer Umgebung herrschte schon reges Geschehen.

Menschen eilten vorüber, Vögel zwitscherten und begrüßten den warmen Morgen. Für einen Momemt kam es Brossmann so vor als wie wenn es nie eine Nacht gegeben hätte. Eigenartiges Gefühl. Er hatte es nicht allzu weit bis zur Firma. Eine gute viertel Stunde Fußweg. Deshalb brauchte er sich auch nicht zu beeilen. Wenigstens ein Vorteil in meinem Leben, dachte Er.
Dann sah er den alten Mann mit einem Hund an der Leine. Die Blicke der beiden Männer trafen sich und für einen kurzen Augenblick hatte Brossmann das Gefühl, diesen Menschen zu kennen.

Obwohl das Gesicht und die übrige Erscheinung ihm völlig fremd waren hatte er ein tiefes Gefühl des sich Kennens, des Vertrauens.

" Guten Morgen " sagte der Mann zu Brossmann und der Hund den er mit sich führte, wedelte freundlich mit seinem Schwanz und sah Brossmann mit großen treuen Augen an. Er erwiderte den Gruß und seltsamerweise kam ihm die Stimme dieses Mannes auch bekannt vor. Brossmannn ging weiter. Nach ein paar Schritten drehte er sich um; der Mann mit seinem Hund war nicht mehr zu sehen. Wieso war der alte Mann mit dem Hund an der leine so urplötzlich verschwunden ? Noch ehe Er sich über diesen

merkwürdigen Umstand weiter Gedanken machen konnte erblickte er die Firma.

Die zarten, warmen Strahlen der Morgensonne, die genau über dem alten Backsteinhaus stand, verliehen den Umrissen der Firma einen drohenden Ausdruck. Dunkel und finster zeichnete sich die Silhouette gegen den prächtigen blauen Morgenhimmel ab. Schon vor etlichen Sommern hatte
Brossmann mit viel Phantasie diesen allmorgendlichen Anblick mit dem Sturze Satans und seiner Verbannung aus dem Himmel verglichen. Die dunkel daliegende Firma mit dem prächtigen dimensionslosen Himmelszelt im Hintergrund ließen für Ihn kein anderes Szenario zu.

" Morgen Brossmann, wie sehen Sie denn wieder aus ? Schlecht geschlafen, wie ? ". Er hörte schon die Worte von Abteilungsleiter Kalupke.

Sie mochten sich beide nicht leiden, obschon Brossmann nach seiner Vorstellung das Privileg genoß, 15 jahre länger als Buchhalter in der Firma arbeiten zu dürfen, Also, verdammt nochmal, hatte er auch das Vorrecht jemanden zu mögen oder eben nicht !

Und obwohl Kalupke als Abteilungsleiter sein Vorgesetzter war so wußte Brossmann aber auch ebenso gut, das schon viele vor Kalupke dagewesen waren und viele auch nach ihm noch kommen werden. Nichts hält eben ewig im Leben, alles hat einen Anfang und Ende. Diese einfache wie auch bestechende Quintessenz seiner Lebensphilosophie hatte Brossmann stets Kraft und Zuversicht gegeben, den Unbillen und Stürmen des Lebens, so wie er es immer nannte, Paroli bieten zu können. Also, was sollte ihn ein Kalupke scheren? Dieser geistig halbwüchsige Kretin, wie
Brossmann Kalupke in Gedanken stets zu bezeichnen pflegte, eben dieser oligophrene Nichtsnutz, der nur etwas Glück in seinem bisherigen Dasein gehabt hatte, eben vor so einem sollte er, der stets korrekte und nette Buchhalter auch noch Respekt haben ? Dieser zynische, blasierte Hinterwäldler mit seinen vor Pomade

strotzenden Haaren, der meint, das ihm die Welt zu Füßen liegen müßte?

Brossmann hielt inne. " Reg dich nicht auf, alter Junge , diese Karikatur eines Menschen ist es nicht einmal Wert deine negativen Energien abzukriegen !" Und dennoch versetzten ihn diese Gedanken in eine Art Glücksgefühl.

Er trat durch die Eingangstüre, die halb aus den Angeln hing und einst eine schöne mächtige Türe gewesen sein mußte. Längst war die Farbe abgeblättert, das pure Holz war zu sehen, schon durch Wind und Wetter angefault. Mit langsamen Schritten ging er durch die Eingangshalle, die Sonnenlicht durchflutet vor ihm lag und einen herrlichen Blick durch die

nicht mehr vorhandene Decke auf den blauen Sommerhimmel erlaubte. Auf dem Boden der Halle lagen kleinere und große Gesteinsbrocken die ehemals die ebenfalls mächtige Decke der Eingangshalle gebildet hatten. Unkraut wucherte aus dem einst so schön polierten Marmorboden. Von irgendwoher vernahm Brossmann das verhaltene gurren von Tauben und zwitschern anderer Vögel.

Er durchquerte die Eingangshalle und steuerte zielstrebig auf sein Büro zu, das im Erdgeschoß lag. Seltsam, dachte er, außer mir ist noch niemand in der Firma ! Haben alle verschlafen ? Wo ist Kalupke ? Wo der stets freundlich grüßende Receptionist ? Während er so grübelnd zu seinem Büro ging, vernahmeEr auf dem ganzen Weg einen blechernen Ton; zunächst ganz leise, der aber dann mit jedem weiteren Schritt lauter zu werden schien...

Der Wecker klingelte. Brossmann öffnete die Augen und wußte nach wenigen Sekunden daß er geträumt hatte. Halb sechs. Die Zeit war um. Er erhob sich vom Bett, wusch und kleidete sich an, aß etwas und machte sich auf den Weg zur Arbeit. Draußen auf der Straße begegnete Ihm ein alter Mann mit einem Hund an der Leine. Die Männer gingen aufeinander zu, blieben dann stehen und sahen sich an. "*Guten Morgen Brossmann* ". Der Alte sprach die Begrüßung ohne die Lippen zu bewegen. " *Guten Morgen*

Brossmann " erwiderte dieser. Aber wieso kenne ich diesen Mann mit Namen und warum kennt er mich mit Namen ? " *Ich bin Du und Du bist Ich ",* fuhr der alte Mann fort ... Da klingelte der Wecker. Brossmann schlug die Augen auf und sah auf das Ziffernblatt. Halb acht. Die Zeit war um. Er stand auf, streckte sich und atmete mehrmals tief und befreiend durch.

Um die Jalousien zu öffnen bedurfte es schon einige Zeit, denn er war ja schon ein alter Mann. In der Ecke neben dem Fenster hörte er ein leises Geräusch. " *Guten Morgen Benno "*. Sein Hund reckte und streckte sich nicht minder wohlig und begrüßte Brossmann mit einem lauten und freundlichen bellen.

Bemerkungen zur Zeit

Unser alltägliches Leben, unser aller Dasein wird in jeder Phase, in jedem Detail, in jedem Augenblick von einem vermeintlichen Phänomen begleitet, daß wir Zeit nennen.

Doch was ist eigentlich die Zeit, dieser Begriff der uns von Geburt an bis zum Verlassen dieser Welt begleitet, uns vorgaukelt wir würden alt und älter werden, der uns in den wahnhaften Glauben versetzt, all die Lebensereignisse würden mit rasender Geschwindigkeit an uns vorüberziehen; was ist die Natur dieses Begriffes, der uns veranlaßt nahezu das gesamte Leben nach ihm auszurichten, der unsere vermeintlich vorhandene innere Uhr beeinflussen soll und der uns manchmal vor angeblichen Mangel an ihm unser Leben kostet ?

Um es an dieser Stelle schon einmal vorwegzunehmen: Zeit existiert nicht. Mögen Heerscharen von Physikern und ihren geistigen Pendants, den Philosophen, auch etwas anderes behaupten. Das angeblich visuelle und sinnesmäßig erfahrbare Phänomen der Zeit ist nichts weiter als ein absolut artifizielles Konstrukt, ein offenbares von Menschen geschaffenes Hilfsmittel zur besseren Orientierung in seinem Lebenskreislauf. Die nicht vorhandene Natur der Zeit ist eine reine Illusion unseres Verstandes, unseres Geistes oder wie immer wir diesen beobachtbaren Zustand unseres Selbst benennen möchten; wobei ich hierzu nicht nur menschliche und tierische Organismen zähle sondern auch pflanzliche. Letztendlich handelt es sich um eine Ableitung bestimmter astronomischer Mechaniken oder Beobachtungen im atomphysikalischen Bereich.

In den Jahrmilliarden Zeiträumen der Existenz der Erde (und natürlich des Universums und seinen eventuellen Parallelwelten) existierte nicht der von Menschen geprägte Zeitbegriff. Einzig und alleine manigfache Naturabläufe begannen und vergingen um erneut in anderer Form wieder aufzutreten. Eiszeiten wechselten sich ab, Wärme,-und Hitzeperioden kamen und gingen wieder. Supervulkane brachen aus um dann wieder im Meer der Stille zu versinken; Meteoriten prallten auf die Erde hernieder und hinterließen sichtbare Spuren. Die einst feste Erdmasse driftete auseinander mit dem Ergebnis, das wir heute fünf Kontinente und zwei große Eisregionen sehen können. Doch auch dies ist in steter Bewegung, wird irgendwann ganz anders aussehen als jetzt. Eine lexikalische Definition der Zeit findet sich in einer Brockhaus-Ausgabe aus dem Jahre 1977. Dort steht zu lesen :

Zeit ist die Abfolge die im menschlichen Bewußtsein als Vergangenheit, Gegenwart und Zukunft am Entstehen und Vergehen der Dinge erfahren wird.

Eine absolut alles umschreibende Definition die alle (menschlichen) Bestimmungsversuche ad absurdum führt. Denn ob wir nun den Lauf des Planeten Erde um die Sonne verfolgen oder das Zerfallen bestimmter atomarer Strukturen als Wesen der Zeit annehmen ist natürlich barer Unsinn, denn es zeigt ja nur das verändern einer Form in eine andere. Beispiel: Wasser wird erhitzt und verdampft. Wasserdampf entsteht. Molekular gesehen das gleiche, nur eben visuell nicht bzw. sinnesmäßig. Nur, was unsere Augen dort sehen und unser Gehirn schließlich als vermeintlich real erachtet, ist eine pure Illusion, nur ein mikroskopisch winziger, dazu noch falscher Ausschnitt aus einer reinen Formveränderung. Freilich hilft er uns sehr sich in unserer Umwelt zurechtzufinden. Meistens jedenfalls. Was wir also als Zeit bezeichnen ist nichts anderes als eine ständig sich ereignende Abfolge von Vorgängen (Ereignissen) in einem bestimmten Bezugssystem. Wohin wir auch schauen hantieren wir Menschen mit einem künstlichen Konstrukt, einem gedanklichen Gerüst um uns orientieren zu können.

Bis auf wenige alte Philosophen wie Kant oder Leibniz , die das tatsächlich künstliche der Zeit erkannt hatten, gibt es sonderbarerweise heute noch Gelehrte (und nicht nur Philosophen), die Zeit als eine Wirklichkeit betrachten und unveränderlich mit dem menschlichen Dasein verbunden sehen. Ich persönlich halte es da mit dem deutschen Theologen und Lyriker Johannes Scheffler, alias Angelus Silesius (1624-1677)

„Zeit ist wie Ewigkeit und Ewigkeit wie Zeit, so du nicht selber machst einen Unterschied“.

Aphorismen

Was momentan unter moderner Kunst verstanden wird, bezeichnete man in früheren Jahren als kindlich.

*

Von einigen Künstlern muss ich annehmen, das sie die Kunst nur benutzen, um ihre schlichten Gedanken besser darstellen zu können.

*

Etwas zu schreiben und gleichzeitig dabei zu denken, scheint für viele ausgesprochen schwierig zu sein.

*

Es sollte jedem Menschen einmal in seinem Leben die Möglichkeit vergönnt sein, die Schönheiten dieser Erde zu sehen.

*

Vertrauen ist eine Angelegenheit, für die man eine gehörige Portion Vertrauen benötigt.

*

Es gibt nur einen Menschen auf dieser Welt der mich versteht: Ich selber.

*

Jeder ist sein eigener Gott.

*

Schicksal. Was soll das sein? Dieses pure Zusammenspiel aus Pech und Glück?.

*

Die meisten Freunde sind wie Wolken. Einzigartig schon aber doch wenig hilfreich.

*Leben?-Nur ein Traum!-Traum?-Nur eine Illusion**

Hoffnung

*Es reden und träumen die Menschen viel
Von bessern künftigen Tagen,
Nach einem glücklichen goldenen Ziel
Sieht man sie rennen und jagen.
Die Welt wird alt und wird wieder jung,
Doch der Mensch hofft immer Verbesserung.*

*Die Hoffnung führt ihn ins Leben ein,
Sie umflattert den fröhlichen Knaben,
Den Jüngling locket ihr Zauberschein,
Sie wird mit dem Greis nicht begraben,
Denn beschließt er im Grabe den müden Lauf,
Noch am Grabe pflanzt er – die Hoffnung auf.*

*Es ist kein leerer schmeichelnder Wahn,
Erzeugt im Gehirne des Toren,
Im Herzen kündet es laut sich an:
Zu was Besserm sind wir geboren!
Und was die innere Stimme spricht,
Das täuscht die hoffende Seele nicht.*

Friedrich Schiller

Die Freuden

Es flattert um die Quelle
Die wechselnde Libelle,
Mich freut sie lange schon;
Bald dunkel und bald helle,
Wie das Chamäleon,
Bald rot, bald blau,
Bald blau, bald grün.
O daß ich in der Nähe
Doch ihre Farben sähe!

Sie schwirrt und schwebet, rastet nie!
Doch still, sie setzt sich an die Weiden.
Da hab ich sie! Da hab ich sie!
Und nun betracht ich sie genau,
Und seh ein traurig dunkles Blau –

So geht es dir, Zergliedrer deiner Freuden!

Johann Wolfgang von Goethe

Notizen

FSC
www.fsc.org
MIX
Papier aus verantwortungsvollen Quellen
Paper from responsible sources
FSC® C105338

Bibliografische Information der Deutschen Nationalbibliothek:
Die Deutsche Nationalbibliothek verzeichnet diese Publikation in der Deutschen Nationalbibliografie; detaillierte bibliografische Daten sind im Internet über dnb.dnb.de abrufbar.

Herstellung und Verlag: BoD – Books on Demand, Norderstedt

ISBN 978-3-7460-1177-6